輕鬆學實用保典

勞工社會保險
年金保險 與 車禍賠償
要點與實務

- 建構完整勞工社會保障體系+要點式
  +實用化+個案式+CFP考題

- 融合年金保險、勞工社保與車禍賠
  償，一個車禍事故發生，背後涉及
  到的社保保障皆在本書範圍呈現。

賀冠群、廖勇誠 著

作者序

　　為了協助讀者輕鬆瞭解攸關台灣勞工權益的社會保險與年金保險制度，作者們特別進一步增修所出版的保險系列書籍中關於勞保年金、國民年金、勞退新制、全民健保、勞工保險、職業災害、勞基法雇主責任、汽機車責任保險與車禍賠償和解要點與實務，方便提供讀者朋友們迅速掌握要點及實務申請給付理賠。

　　作者們精心編制個案並結合實務經驗，協助讀者輕鬆學會年金與社保給付要點、申領個案、車禍賠償和解須知，也希望保險的學習可以更加實用化及生活化。另外為幫助讀者進一步通過考試與活用要點，本書特別精編考題與解析，希望能夠達到實用化、輕鬆學、生活化而且又能幫助讀者們通過考試的多重功效。

　　本書範圍廣泛且多元，涉及社會保險及年金保險理論與申領實務、產壽險商品理論與實務、車禍賠償與和解、保險規範條款、相關法令與實務作業等各層面。礙於法令多變而且內容多元繁雜，本書僅能盡力撰寫要點與經驗叮嚀，難以深入剖析各項議題或精確預測未來規範與給付金額。如有疏漏錯誤，尚祈海內外宏達、師長、專家前輩與讀者指正與見諒！最後，誠摯地感謝讀者朋友們對於保險系列書籍的支持與勉勵。

目錄

第一章 社會經濟安全制度與社會保險

第一節 社會經濟安全制度基本概念

第二節 社會保險財源模式與退休金制度要點

- 政府為什麼要開辦那麼多種的社會保險？
- 社會安全制度＝社會保險？
- 不繳保費有關係嗎？
- 為什麼政府要推動年金改革？
- 什麼是確定提撥制？需要改革嗎？

第一章 社會經濟安全制度與社會保險

第一節 社會經濟安全制度基本概念

　　完善的社會經濟安全或社會福利制度可包含社會救助、社會保險與各項社會福利措施等三個構面。社會救助為社會經濟安全制度之第一層，諸如：天災或重大傷亡或針對貧困傷殘家庭或民眾，由政府予以救助與補貼。第三層為政府之各項社會福利措施，範圍相當多元化，諸如：安養看護措施、教育訓練補助、醫療優惠、貸款優惠、乘車優惠、旅遊優惠、津貼補助與贈品賀禮等。第二層為社會保險；社會保險之有效發展，有助於個人、企業及社會經濟安全與家庭、企業或社會之健全穩定，並降低社會問題。

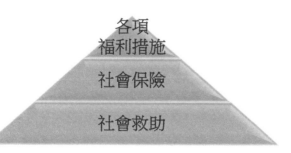

圖 1-1　三層制社會經濟安全制度

　　詳言之，民眾可以透過投保社會保險，做好適當之危險管理，以降低生老病死傷殘失業等事故所導致之經濟損害或衝擊。另一方面，若社會保險發展良好，則國家之社會救助、老年經濟安全、失業、醫療與意外事故等各方面社會問題，可因而降低，政府的社會責任也因而下降。

　　為建構完善的保險制度，各國皆採取三層制的保險制度架構。三層制的保險制度架構含括由政府主辦的強制性質的社會保險制度、由企業雇主主辦的企業保險或團體保險制度以及由民眾自願方式投保的個人保險制度。

圖 1-2　三層制保險保障制度

　　從多層制保險制度精神可歸納出，完整保險制度之建立，絕非單純政府當局之責任、也不是單純屬於企業雇主或員工之責任、更不單單是個人長期儲蓄保障習慣的建立，而是需要政府當局、企業界及民眾多方長期齊力建立與推動。各層次的保險制度中，各有不同的主軸與焦點，各層之間相輔相成。

　　社會保險部分僅能提供民眾普遍且基本的經濟生活保障，不足部分有賴團體保險制度與個人保障儲蓄之補足，以滿足民眾更高水準與更高層次的經濟安全需求。從許多先進國家經驗觀察，由於面臨著嚴重的財政赤字與財政負擔，團體保險與個人保險已扮演社會經濟安全制度重要角色。

　　就台灣勞工而言，政府公營的社會保險制度分別有勞工保險(含職災保險)、就業保險、全民健康保險、國民年金保險等第一層保障制度。第二層為企業雇主主辦的團體保險及勞工保障制度，包含勞工退休金制度、團體保險制度、勞基法制度等。第三層則為民眾自行投保的個人壽險、意外險、健康險、年金險或其他商品，以建構自身更完善的保障及理財體系。

　　相較之下，商業保險公司銷售之人身保險商品為營利性質，經營主體為壽險公司，且保險給付主要為現金給付、投保額度視保戶財力而定，與社會保險差異頗多。可列舉比較如下表：

表1-1　社會保險與商業人身保險商品之比較

項目/險種	商業人身保險	社會保險
經營目的	營利	社會政策(非營利)
經營機構	壽險公司	政府單位，諸如健保署、勞保局等機構
承保對象	自然人	特定身分之自然人
保險給付	主要為現金給付	現金給付+醫療服務
保費負擔	要保人自行負擔	雇主、政府與投保人共同負擔
投保要求	自由投保	強制投保
保障原則	保障內容與額度多元，隨保戶需求而定	基本保障，保戶無從選擇
保費折扣與繳費方式	● 可能有集體彙繳折扣、轉帳或信用卡折扣 ● 可以選擇年繳、半年繳、季繳、月繳等繳費方式	無保費折扣且通常為每月繳納模式

資料來源：廖勇誠(2013)，謝淑慧、黃美玲(2012)與柯木興(1993)。

第二節 社會保險財源模式與退休金制度要點

一、世界上實施公營年金(退休金)制度之財源模式[1]

1. 稅收制：透過國家的稅收來支應年金制度的所有各項給付支出，通常高稅率國家才能有足夠稅收支應。

2. 公積金制：企業雇主每月依照員工薪資的特定比率，按月提撥到員工個人帳戶，員工退休時以一次或以年金方式領取老年給付之方式；諸如：新加坡、智利、墨西哥、香港等。

3. 社會保險制：採社會保險方式辦理公營年金，由被保險人、雇主與政府三者分擔保費，退休時由民眾以一次給付或年金方式領取老年給付之方式，諸如：台灣、美國、英國、法國、德國與日本等。

　　由於各國政府面臨著嚴重的財政赤字與財政負擔，因此企業退休金制度與個人退休金制度已扮演老年經濟安全制度的重要角色。

二、退休金制度種類

　　退休金制度的分類大致可分類為確定提撥制與確定給付制或兼具確定提撥制與確定給付制特色的綜合型退休金制度。確定給付制之退休金給付金額標準已預先明確規範，但提撥比率卻是變動的。例如：勞基法老年給付最高給付45個基數，但雇主退休金提撥比率為2~15%；另外勞保年金領取公式為月投保薪資×年資×替代率，也

---

[1] 參謝淑慧、黃美玲(2012)，社會保險，第五章；廖勇誠(2013)

是預先明確規範。

　　相較之下，確定提撥制的退休金給付金額標準並未明確規範，但定期提撥比率已預先確定。例如：勞工退休金每月由雇主固定提撥薪資的6%，但老年給付金額視帳戶餘額而定，並無保證或承諾，亦無確定的給付公式或給付標準。

表1-2　確定提撥制與確定給付制之比較

項目/種類	確定給付制 DB 制(Defined Benefit Plan)	確定提撥制 DC 制(Defined Contribution Plan)
退休金給付	退休金給付標準已預先明確規範	退休金給付標準未預先規範
提撥金額或比率	提撥金額或比率變動	提撥金額或比率確定
投資風險	由雇主或政府承擔	由員工承擔
對雇主的成本	變動	固定
個人帳戶	無個人帳戶	擁有個人帳戶

三、多層制的老年經濟安全制度

　　世界銀行在1994年提出報告,提醒全球各國正視人口老化問題並提出各國應建立政府、企業與個人自願參加等三層制老年經濟安全制度。

個人
年金

團體(企業)年金

公營年金

圖1-3　三層制老年經濟安全制度

　　另外,方明川教授於1995年1月提出中國式四層制老年經濟安全制度,除公營年金、企業年金與個人年金制度外,並納入傳統孝道制度與社會福利制度,諸如:托老所、養老院與慈善救助之老年經濟安全制度,呈現中國多層制老年經濟安全制度。[2]

---

[2]廖勇誠(2012),個人年金保險商品實務與研究

圖 1-4 四層制老年經濟安全制度
資料來源：方明川(1995 年)

　　就勞工而言，公營年金包含政府經營及主辦的退休金制度，為提供民眾基本的退休生活保障，政府會協助負擔部分保費並給予稅惠；例如勞工保險與國民年金保險等。企業年金部分則主要由企業主辦，由企業雇主負擔或提撥退休金，並由政府制定法規及提供稅惠鼓勵；例如：勞基法退休金(舊制)、勞工退休金條例的個人帳戶制或年金保險制退休金或企業自己辦理的退休金制度。個人年金部分則是由民眾自行儲蓄或投資的退休金準備金，民眾儲備退休金的金融保險工具多元，端視自身需求而定。

　　從多層制老年經濟安全制度精神可歸納出，完整退休養老制度之建立，絕非單純政府當局之責任、也不是單純屬於企業雇主或員工自身責任，更不單單是個人長期儲蓄投資習慣的建立；而是需要政府當局、企業界及民眾多方長期齊力建立與推動，這項觀念在此特別強調。

　　各層次的年金制度中，各有不同的主軸與焦點，各層之間相輔相成。公營年金部分僅能提供民眾普遍且基本的退休養老生活保障，不足部分有賴企業年金制度與個人退休儲蓄之補足，以滿足民眾更高水準與更高層次的退休養老需求。

小分享：(資料來源：2018 年內政部網站統計資料)
1.台灣近 17 年每年人口年齡中位數趨勢不斷攀升，已接近 42 歲。
2.台灣近 25 年每年嬰兒人口數趨勢：呈下降趨勢。
　嬰兒人口數從每年20~30萬，降低為最低約12.5~15萬。

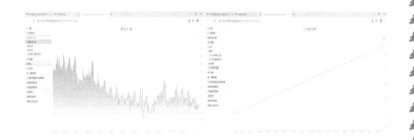

第二章 勞工老年年金制度要點與個案

- 最近找工作中，收到了國民年金繳費單，我一定要繳嗎？那些情況可以領錢？
- 勞保年金就是勞工退休金嗎？
- 退休時我到底可以領取幾種年金？
- 退休時我到底可以領取多少錢？可以選擇一次給付嗎？
- 勞工退休金帳戶的錢何時可以動用呢？
- 什麼是利率變動型年金？IRR 有比較高嗎？
- 什麼是變額年金？共同基金及代客操作有何差別？

第二章 勞工老年年金制度要點與個案

第一節 國民年金保險制度概要

一、國民年金保險年金給付要點

國民年金保險於 2008 年 10 月 1 日依據國民年金法開辦，主要針對尚未有社會保險保障的民眾，提供基本的老年年金與生育、身心障礙、喪葬與遺屬年金等給付。國民年金保險具有以下要點，摘要如下[3]：

1. **承保對象**：針對年滿 25 歲、未滿 65 歲為對象，在未參加軍保、公教人員保險、勞保與農保期間；而且又尚未領取軍保、公教人員保險與勞保老年給付的民眾納保。

2. **月投保金額全民一致**：國民年金保險之投保金額與全民健保或勞工保險等其他社會保險不同，並未依照薪資金額高低而提供高低不同的投保金額，而是所有承保對象適用相同的投保金額(2019 年為 18,282 元)。

3. **年資不中斷**：被保險人投保年資可以持續累積；投保年資愈久，領取的老年年金給付金額愈高。因此被保險人退保後再參加國民年金保險時，保險年資可以合併計算。

---

[3]國民年金被保險人在保險有效期間發生保險事故時，分別給與老年年金給付、生育給付、身心障礙年金給付、喪葬給付及遺屬年金給付。同一分娩或早產事故同時符合國民年金保險與相關社會保險生育給付或補助條件者，僅得擇一請領。被保險人經診斷為重度以上身心障礙且經評估無工作能力者，如同時符合相關社會保險請領規定，僅得擇一請領。

4. **老年年金給付結合遺屬年金給付**：遺屬符合資格要求，被保險人身故，遺屬可改領取遺屬年金，可擁有更週延的年金保障。

5. **老年年金給付規定**：民眾只需要繳納保費就可以累積年資，繳納年資愈久，未來老年年金領取金額愈高。民眾年齡達 65 歲，就可以開始領取老年年金給付；並無最低年資要求。老年年金給付按月給付，領取金額採擇優給付，最低領取金額為 3,628 元。

   ● 月投保金額 x (0.65%) x 年資+3,628

   ● 月投保金額 x (1.3%) x 年資

6. **可同時請領**：國民年金保險老年年金給付與勞保或勞工退休金等其他社會保險之老年年金給付，可同時請領。但是，須特別留意，已領取勞保老年給付後，民眾請領國民年金保險老年給付，僅能依照[月投保金額 x (1.3%) x 年資]的公式計算每月領取的年金金額，所以並沒有每月最低領取金額 3,628 元的保證。

二、國民年金保險年金給付範例

小莉是家庭主婦，國民年金保險年資 10 年，投保金額皆為 18,282，請問 65 歲起，每月可領取多少年金？

   ● A： 18,282 x 0.65% x 10 + 3,628 = 4,816 元

   ● B： 18,282 x 1.3% x 10 = 2,377 元

小叮嚀：
✧ 由於投保薪資固定為 18,282，因此年資＜31 年，選擇 A 式皆較 B 式有利。
✧ 勞工只要勞保中斷 1 天，也要納保；保費已改為按日計算。

小分享：年金給付金額核定通知書範例

第二節 勞保年金給付制度概要

一、勞保年金給付規範要點

　　2008 年 7 月 17 日勞工保險條例修訂案終於在立法院三讀通過，並自 2009 年 1 月起實施，勞工保險正式邁向老年給付年金化。勞保年金給付具有以下幾項要點，列舉如下：

1. **投保薪資級距**：2019 年最低投保薪資調整為 23,100 元，最高投保薪資為 45,800 元。
2. **年資不中斷**：被保險人退保後再參加保險時，其原有保險年資可以合併計算。
3. **年資持續累積**：被保險人投保年資可以持續累積。投保年資愈久，領取的老年年金給付金額愈高。
4. **老年給付請領資格為 60 歲~65 歲**：年金給付或一次給付併行；老年給付之請領年齡視勞保被保險人年齡而定，未來逐步提高至 65 歲才可以領取勞保老年年金。例如：在 2019 年，適逢 61 歲時(47 年次/1958 年出生)，可領取老年年金。
   - 保險年資<15 年：選擇一次領取
   - 保險年資≧15 年：選擇老年年金給付
   - 勞工保險條例年金新制(2008 年 7 月)施行前已有年資，可以選擇一次給付或年金領取。
5. **老年年金給付金額計算**：依照投保期間**最高 60 個月**的月投保薪資計算；並按月領取老年年金給付；領取金額計算採擇優給付，最低每月 3,000 元：

- 月投保薪資 x(0.775%)x 年資+3,000
- 月投保薪資 x(1.55%)x 年資
- 展延年金：每**延後**一年請領年金，年金給付額外增加 4%，最多額外增加 20%。
- 減額年金：每**提前**一年請領年金，年金給付減少 4%，最多減少給付 20%。

6. **老年年金給付結合遺屬年金給付**：遺屬符合資格要求，被保險員工身故，遺屬可改領取遺屬年金，可擁有更週延的年金保障。

7. **年金給付金額隨通貨膨脹調整**：依現行規範，累積通貨膨脹率超過＋5%或－5%時，老年年金給付之金額將隨之調整。

二、領取個案範例

1. 小莉 1958 年出生，勞保年資 20 年，平均投保薪資為 43,900。請問 61 歲起，每月可領取多少老年年金給付？
   - A： 43,900 x 0.775% x 20 + 3,000 = 9,805 元
   - B： 43,900 x 1.55% x 20 = 13,609 元

小叮嚀：

年資愈長，適宜選擇 B 式；就本範例試算，九年以下選擇 A 式較有利；年資九年以上(含)，選擇 B 式較有利。

2.小莉平均投保薪資為 43,900，預計延至 66 歲領取老年
　年金給付，預計年資為 25 年，請問 66 歲起每月可領
　取多少老年年金給付？
- ■　A： 43,900 x 0.775% x 25 + 3,000 =11,506 元
- ■　B： 43,900 x 1.55% x 25= 17,011 元
- ■　展延年金：17,011 x (1+20%)=20,413 元

3.小莉平均投保薪資為 43,900，預計提早至 56 歲領取老
　年年金給付，預計年資為 15 年，請問 56 歲起每月可
　領取多少老年年金給付？
- ■　A： 43,900 x 0.775% x 15 + 3,000 =8,103 元
- ■　B： 43,900 x 1.55% x 15= 10,207 元
- ■　減額年金：10,207 x (1-20%)=8,166 元

第三節 勞工退休金條例概要

台灣勞工退休金已在 2005 年 7 月 1 日改良成退休金可持續累積的個人帳戶，屬於確定提撥制(Defined Contribution Plan)。勞工退休金區分為二種，其一為個人帳戶制，由勞動部勞動基金運用局負責基金管理，行政作業則由勞工保險局處理，監理機關為勞動部。其二則為年金保險制，由壽險公司經營，勞動部與金管會保險局共同監理。

一、勞工退休金制度個人帳戶制要點

台灣勞工退休金個人帳戶制由政府經營管理，雇主每月依據勞工工資提撥至少 6%；另外員工可以自願提繳，提撥比率 6% 以內可自當年度個人綜合所得中全數扣除。勞工退休基金由勞動基金運用局管理，收益率保證不低於二年定期存款利率。摘要列舉如下：

1.**雇主負擔的提繳率不得低於勞工每月工資的 6%。**

2.勞工自願提撥每月工資 6% 以內的金額，得自當年度個人綜合所得總額中扣除。

3.請領條件[4]：

---

[4]勞工未滿六十歲，有下列情形之一，其工作年資滿十五年以上者，得請領月退休金或一次退休金。但工作年資未滿十五年者，應請領一次退休金：

一、領取勞工保險條例所定之失能年金給付或失能等級三等以上之一次失能給付。

二、領取國民年金法所定之身心障礙年金給付或身心障礙基本保證年金給付。

- 年滿 60 歲，年資 15 年以上，請領月退休金或一次退休金。
- 年滿 60 歲，年資未滿 15 年，請領一次退休金。

4.**平均歷年收益率**低於二年定期存款利率者，其差額由國庫補足。

5.**基金管理**：勞動基金運用局得自行管理或委託金融機構管理。

6.**提撥薪資級距**：2019 年最低提撥薪資調整為 1,500 元，最高提撥薪資調整為 150,000 元。勞工退休金制度之提撥薪資比照勞基法之經常性工資。以 2019 年為例，勞工退休金提撥薪資金額共區分 61 個級距。

7.**退休帳戶持續累積且年資不中斷**：被保險人之退休帳戶可以持續累積；資金累積愈多，未來領取的金額愈高；而且退休帳戶不因年資中斷或轉換工作而歸零。

8.**老年年金給付結合確定年金與延壽年金**：申領老年年金給付時，在平均餘命前透過確定年金方式領取老年給付；並需預扣部分金額，作為投保延壽年金之保費支出，以提供活得愈久領得愈多的終身生存年金保障[5]。

小叮嚀：年金給付可以考慮修改為，委由壽險公司提供終身生存年金給付之選項，應該比較便利。

三、非屬前二款之被保險人，符合得請領第一款失能年金給付或一次失能給付之失能種類、狀態及等級，或前款身心障礙年金給付或身心障礙基本保證年金給付之障礙種類、項目及狀態。

[5] 勞工開始請領月退休金時，應一次提繳一定金額，投保年金保險，作為超過定平均餘命後之年金給付之用。

小叮嚀：從勞工退休金提繳統計數據，可發現勞工退休金實施已相當普遍且資金累積金額極快。然而自願提繳人數偏低(低於 2 成)，因此累積的退休金絕大部分來自公提(公司提撥)，可見雖然享有所得稅稅惠，但勞工自願提繳的意願偏低。

小叮嚀：依據勞工退休金條例之資遣費核發標準：勞工每滿 1 年年資發給 1/2 個月之平均工資；最高以發給 6 個月平均工資為限。

小叮嚀：勞工於請領退休金前死亡者，應由其遺屬或指定請領人請領一次退休金。

二、領取個案範例

(1) 小莉勞工退休金公司提繳部分，已累積了 50 萬元，再加上小莉自願提繳的累積金額 30 萬，請問小莉總共累積多少勞工退休金？

A：小莉總共提繳部分 50+30=80 萬元；但需再加計每年投資收益，而且投資收益具有最低保證二年定期存款利率，建議可初步依照每年二年定期存款利率 1.1% 概算。

三、勞工退休金制度年金保險制要點

　　台灣勞工退休金年金保險制公佈迄今，已逾 13.5 年仍形同虛設，並無任何保險公司參與。主要原因包含壽險公司經營企業年金保險同樣必須保證平均收益率不低於二年期定期存款利率。其次年金保險制只開放員工數 200 人以上的大企業可以選擇企業年金保險制，員工數未達 200 人一律僅能選擇個人帳戶制。茲摘要列舉台灣年金保險制的相關規範如下：

1.保單平均收益率不得低於二年定期存款利率：

　　　　給付標準與方式依年金保險契約規定，由壽險公司經營管理，並由勞動部與金管會保險局監理。

2.僅開放員工數 200 人以上大企業：

　　　　依據勞工退休金條例第 35 條第 1 項，企業實施年金保險必須符合員工數 200 人以上的企業且經工會或勞資會議同意後，得為以書面選擇投保年金保險之勞工，以投保年金保險商品方式提撥退休金[6]。

3.雇主負擔的提繳率不得低於勞工每月工資的 6%。

4.請領條件：依據年金保險實施辦法等規範

- 勞工年滿 60 歲，工作年資未滿 15 年，請領一次退休金。
- 年金保險契約應約定，勞工年滿 60 歲，工作年資滿 15 年以上，請領月退休金或一次退休金。
- 依據金管會頒佈的勞退企業及勞退個人年金保險示範條款，退休金得請領之日不得低於被保險人年滿六十歲之日，並不宜晚於被保險人保險年齡八十歲前後。

5.**適用的保險商品：**

依據已頒佈的示範條款，僅有利率變動型年金保險適用，尚未見變額年金保險的適用；畢竟變額年金保險又如何由壽險公司保證最低收益率？其次，依據「勞工退休金條例年金保險實施辦法」，變額年金保險型態的企業年金商品需設置專設帳簿。

6.**所得稅惠：**

依據勞工退休金條例，參加年金保險制勞工得準用比照個人帳戶制，得享有員工自願提繳的 6%免稅。

---

[6]事業單位僱用勞工人數二百人以上，經工會同意，或無工會者，經勞資會議同意後，得為以書面選擇投保年金保險之勞工，投保符合保險法規定之年金保險。

表 2-1 台灣勞工退休金制度年金保險制法令規範摘要

項目	企業年金保險法令規範摘要
人數限制	針對員工數 200 人以上大企業且需經工會或勞資會議同意
最低保證收益	壽險公司保單收益率不得低於 2 年定存利率
保險商品限制	目前僅公佈利率變動型年金示範條款，並無投資型與分紅傳統型保險的示範條款，因此也無投資標的可供選擇
提早提領或保單貸款	● 退休金給付年齡，年金保險契約不得約定低於六十歲 ● 要保人及被保險人不得以保險契約為質，向保險人借款 ● 勞工未符合請領條件前，不得請領保單價值準備金
提撥率與所得稅稅惠	● 雇主提撥率不得低於勞工每月工資的 6% ● 參加年金保險制勞工自願提繳部分得比照個人帳戶制享有 6% 免稅
契約關係	● 保險契約關係 ● 給付標準與方式依年金保險契約規定 ● 年金保險契約應由雇主擔任要保人，勞工為被保險人及受益人
監管	勞動部及金管會保險局
類型	確定提撥制(Defined Contribution Plan)

四、對於台灣企業年金保險制度建議

1.放寬參與經營年金保險制的資格條件與各項限制

應放寬參與經營年金保險制的資格條件與各項限制，並儘速核准金融保險業經營年金保險制度。諸如：應降低年金保險制的 200 人人數門檻與取消年金保險商品須符合最低收益率的限制。

2.年金保險制度應包含更多給付彈性與範圍

台灣未來可以逐步開放勞工退休金的功能或用途，例如購屋、長期患病住院、醫療或失能的提領等需求，也可開放勞工辦理提早提領或貸款，以增加其彈性與範圍，如此勞工自願提繳比率才能提高。

3.保戶應擁有投資儲蓄的決策權

未來除可採取類似新加坡中央公積金的模式，有政府經營的保證最低收益退休金商品，也有經核准且無保證最低收益的民營退休金商品可供選擇；真正讓民眾擁有投資儲蓄的決策權。

五、綜合比較：國民年金保險、勞工保險與勞工退休金
老年年金給付制度比較

表 2-2 老年年金制度綜合比較

構面/制度別	國民年金保險老年給付	勞工保險老年給付	勞工退休金老年給付
最高投保(提撥)金額	18,282	45,800	150,000
領取老年給付年齡	≧65	≧(61~65) 2019 年為 61 歲	≧60
平均金額計算基礎	65 歲時投保金額	最高 60 個月 *未來朝最高 180 個月投保薪資調整	依據各月薪資提撥計算
一次給付或年金給付標準	採年金給付	1.保險年資 15 年以上，請領月退休金。 2.保險年資未滿 15 年，請領一次退休金。	1.工作年資 15 年以上，請領月退休金或一次退休金。 2.工作年資未滿 15 年，請領一次退休金。

構面/制度別	國民年金保險老年給付	勞工保險老年給付	勞工退休金老年給付
年金金額計算	1.月投保金額 x 0.65% x 年資+3,628 2.月投保金額 x (1.3%) x 年資 *已有勞保只能選(2)	1.月投保薪資 x (0.775%) x 年資 +3,000 2.月投保薪資 x(1.55%)x 年資	1.依個人帳戶累積本息換算年金金額。 2.應另投保超過平均餘命部分之年金保險。
終身年金或確定年金	終身生存年金	終身生存年金	確定年金＋遞延年金

*基金運用皆由勞動部勞動基金運用局負責。

**中央主管機關：勞保與勞退為勞動部；

國民年金為衛生福利部。

第四節 個人年金保險與團體保險要點

一、個人商業年金保險商品要點

　　保險法第 135 條-1 規定:「年金保險人於被保險人生存期間或特定期間內,依照契約負一次或分期給付一定金額之責。」可知年金保險的定義,應以生存與否的保險事故,作為年金給付與否的標準,概念上年金保險可說是透過保險契約的方式提供客戶生存期間年金給付的商品。[7]

1.年金保險依照年金給付始期分類

　　年金保險依照年金給付始期分類,可分為即期年金保險與遞延年金保險。

(1)即期年金保險

　　即期年金保險為躉繳保費年金商品,保戶投保後當年年底或下一期就可以定期領取年金給付,非常適合屆臨退休年齡客戶或已累積足夠退休金的客戶投保。

(2)遞延年金保險

　　遞延年金保險的契約期間可區分為累積期間(遞延期間)與年金給付期間。保戶繳納保費後,年金保單的保單價值準備金將依據商品預定利率、宣告利率或基金淨值累積保單價值準備金或保單帳戶價值。等到年金化後進入年金給付期間,年金被保險人生存,受益人就可以定期領取終身生存年金給付,可以提供保戶活的愈久,領的越多的退休生活保障。

---

[7] 廖勇誠(2012),個人年金保險商品實務與研究,第 1-2 章

圖 2-1 變額遞延年金保險圖示

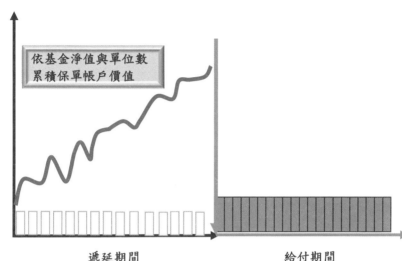

依基金淨值與單位數
累積保單帳戶價值

遞延期間　　　　　　　　給付期間

2.年金保險依照商品種類或給付單位為定額或變額分類

年金保險依照商品種類或給付單位為定額或變額分類，可以概分為傳統型年金保險、利率變動型年金保險與變額年金保險。傳統型年金保險，預定利率維持不變，並由壽險公司承擔長期利率風險。利率變動型年金之宣告利率隨市場狀況機動調整。變額年金之投資報酬率繫於實際投資績效，保戶必須自行承擔投資風險；三者明顯不同。

相較之下，利率變動型年金保險與變額年金保險屬於新型態的年金保險商品，金融理財功能較強。利率變動型年金商品,其概念類似一年定期存款或定期儲蓄存款加上終身生存年金保險。變額年金保險商品,其概念類似共同基金等投資標的加上終身生存年金保險。列舉說明如下:

(1)傳統型(遞延)年金保險:壽險公司將要保人繳交的保險費扣除費用後,依預定利率等變數精算年金保單價值準備金;遞延期滿再依年金保單價值準備金計算年金金額並給付年金。

(2)利率變動型(遞延)年金保險:壽險公司將要保人繳交的保險費扣除費用後,依宣告利率累積年金保單價值準備金;遞延期滿再依年金保單價值準備金計算年金金額並給付年金。

(3)變額(遞延)年金保險:壽險公司將要保人繳交的保險費扣除費用後,投入要保人選擇的投資標的,並依據標的淨值與單位數累積保單帳戶價值;遞延期滿再依保單帳戶價值計算年金金額並給付年金。

表 2-3 變額年金與利率變動型年金主要特質比較

商品別	變額遞延年金	利率變動型遞延年金
商品概念	共同基金等標的+年金給付	定存+年金給付
保單帳戶價值或保價金累積	●依照基金淨值與單位數,累積保單帳戶價值 ●投資風險由客戶	●依照宣告利率累積 ●宣告利率並非保證

商品別	變額遞延年金	利率變動型遞延年金
	承擔	
保費繳納	彈性保費、定期繳納保費、躉繳	彈性保費、定期繳納保費、躉繳
費用揭露	費用明確揭露	費用明確揭露
其他	多元化投資標的選擇、免費基金移轉、生存年金給付	費用低、IRR 高於定存、生存年金給付

資料來源：本研究

二、團體保險概要

團體保險承保對象為員工數或成員數超過 5 人的公司、組織或機構。團體保險以一張保單，承保一個團體所有成員。團體保險依據整個團體的性別與年齡等因素評估費率，未來並採取經驗費率方式，定期調整保費水準。如果過去年度理賠經驗不佳，將影響未來該團體適用的保險費率；反之，如果過去年度理賠經驗良好，則保險公司將透過經驗退費方式，返還部分保費並調降未來適用的保險費率。另外受限於企業預算與團體需求，台灣的團體保險以一年期保險為主軸，普遍無長年期保險商品之設計、也無儲蓄還本的設計。

團體保險的保費繳納多採取薪資扣繳方式，公司付費之團體保險保費由公司負擔、並以員工為被保險人及員工家屬為受益人。公司付費團體保險之給付除可抵充雇主責任外，更可增進員工福利。另外，員工自費投保的團體保險，可由員工依個人或家庭保障需求，自由選擇是否投保以及投保方案別，且多透過每月員工薪資扣繳方式繳納保費。

第五節 年金保險與退休金規劃個案

一、小莉的勞工保險與國民年金退休金知多少

案例：近來媒體持續報導勞工保險與國民年金保險可能破產與調高保費，不禁讓小莉滿腹擔心！依照目前的勞工保險與國民年金保險的規範，小莉每月可以領取多少金額的老年年金？勞工保險與國民年金保險的老年給付可以同時領取嗎？還有最近小莉考慮要轉換工作，請問離職後過去年資是否能夠接續？還是全部歸零？

退休金入不敷出，是各國政府都需要面對的問題，也是人口高齡化與少子化下必須面對的重大挑戰。所幸的是，政府不再抱持鴕鳥心態，而採取積極處理的態度，可預見勞工保險與國民年金老年給付的虧損缺口，長期可以逐步處理與調整，因此小莉其實不必過度擔憂。

依照目前的勞工保險與國民年金保險的規範，勞工保險與國民年金保險制度已經走向年資持續累積且年資不中斷，因此小莉離職，不需要擔心勞工保險或國民年金保險年資歸零。另外，小莉符合老年年金請領資格時，勞工保險與國民年金保險的老年給付可以同時領取，所以小莉不必擔心失業期間參加國民年金保險，結果退休時無法領取老年年金。就小莉來說，工作期間由公司協助投保勞工保險，失業期間則自行投保國民年金保險，才能享有更完整週全的保障喔！

　　小莉(47 年次)退休後每月可以領取多少老年年金呢？小莉預計 65 歲退休，預估勞工保險平均投保薪資為 37,000 元，累計勞工保險年資達 35 年。另外小莉 65 歲時，累積國民年金保險年資達 5 年，預估國民年金保險投保金額為 18,282 元。依照現行領取規定，我們可進一步幫小莉試算每月勞工保險與國民年金保險老年年金給付約 2.45 萬元。

項目	退休金金額公式	每月退休金金額
勞工保險每月退休金	37,000 x 1.55% x 35x1.16	23,284
國民年金保險每月退休金	18,282 x 1.3% x 5	1,188
小計		**24,472**

　　最後，小莉只需要負擔 2 成的勞工保險保費、負擔 4 成的國民年金保險保險費，其餘部分由政府或企業雇主負擔。因此別忘了要準時繳納保費，把握時間累積年資，提早為自己的退休金作準備喔！另外，小莉可領取的每月退休金只有 2.45 萬元，明顯不足負擔小莉退休時的每月生活費用與醫療費用需要。因此建議小莉可以利用年輕時透過定期定額方式，投保商業年金保險或投資共同基金或儲蓄，逐步讓自己的退休金滾雪球般漲大，這樣才能夠擁有優質的退休生活喔！

貼心小叮嚀：

1. 勞工保險與國民年金保險保險費，民眾只需要負擔2或4成保費，因此別忘了準時繳納保費，提早為自己的退休金作準備。

2. 壽險公司的利率變動型年金保險類似定期存款加上年金給付概念，變額年金保險類似共同基金加上年金給付概念，可考慮作為退休規劃工具。

3. 除了老年年金給付外，勞工保險還有遺屬年金、失能年金、殘廢給付、傷病給付、喪葬給付與生育給付等多元保障。國民年金保險還有生育給付、身心障礙年金與遺屬年金等保障。

4. 千萬別讓自己的權益睡著了。

二、退休規劃與退休金缺口計算範例

案例：鄰居老友退休金不足，退休後每天還要去餐廳工作，讓已經 61 歲的劉媽媽開始擔心自己的退休生活！劉媽媽現年 51 歲服務於民營企業。若 65 歲退休時，勞保年資已經有 30 年，國保年資 3 年。劉媽媽勞工退休金選擇新制，預估 65 歲時，個人帳戶餘額達 350 萬。預估退休後每月需要 5 萬元的生活費，請問劉媽媽退休時將有多少每月退休金缺口？

　　人口高齡化與少子化趨勢下，退休民眾想要仰賴兒女扶養其實蠻困難的。物價漲、薪水有限、開銷高且工時長，已經讓年輕人負擔很重。即將退休父母要提早規劃自己的退休金，才能獲得優質愉快的退休生活。

　　如何作退休規劃呢？簡單來說可分出四個步驟：
(1)檢視與建構基礎保障與日常開支規劃

　　規劃退休理財前，必須先檢視與建構自身或家庭的日常開支與基礎壽險、產險、傷害與醫療保障。務必預留資金作為日常家庭基本開銷，諸如：日常食衣住行費用、子女教育費用與保費支出等項目。

(2)訂立與預估個人退休需求目標

　　預估自己預計的退休年齡、預估的投保薪資與預估每月所需退休所得金額。劉媽媽預估 66 歲退休、預估退休前薪資約 71,500 元，預估自己退休時約需要每月 50,000

元的生活費,退休所得替代率約七成。

(3)計算出可領取或已投資的退休金

　　劉媽媽勞工保險平均投保薪資為 40,000,預計勞工保險年資達 30 年。我們可進一步幫劉媽媽試算,每月可領取勞保年金金額約 21,500 元,再加上國民年金保險與勞工退休金月領年金,合計共可領約 3.8 萬。

(4)計算出預估的每月退休金缺口

項目	退休金金額	月退休金
期望的每月退休金	70%替代率	50,000
勞工保險 每月退休金 (延後到 65 歲退休—增額年金)	40,000 x 1.55% x 30 x 1.16 平均投保薪資 x 替代率 x 年資 x (1+ (4% x 4))	21,576
國民年金保險 每月退休金	(18,282 x 1.3% x 3) 平均投保金額 x 替代 率 x 年資	713
每月勞退金可領取金額	350 萬*	15,562
每月退休金缺口		12,149

*上表勞退個人帳戶餘額 350 萬轉換為月領年金,假設躉繳延壽年金保費為 30 萬、平均餘命為 86 歲,尚有 21 年期間計算,利率 2%。

　　所以未來每月的退休金缺口約 1.2 萬，假設投資報酬率 2%，共需要儲備約 250 萬退休金。

(5)退休理財工具之挑選、配置與定期修訂

　　劉媽媽可同時透過年金保險、儲蓄型保險、共同基金與信託商品等，為自己的退休金增加利息與安全性。劉媽媽可透過躉繳利率變動型年金及透過年繳方式投保變額年金保險或定期定額投資基金方式，累積退休金以彌補每月退休金缺口。

小叮嚀：

1. 父母長輩提早規劃自己的退休金，才能獲得優質的退休生活。

2. 提早透過定期定額或定期繳納保費方式規劃退休金，並留意風險分散與定期資產配置比率，很容易就滿足退休需求喔！

3. 民眾可考慮以外幣利率變動型年金、外幣變額年金保險或外幣利率變動型終身還本壽險累積退休金喔，但可別忘了匯率風險喔！

三、退休規劃與退休金缺口計算範例

案例：小英今年 46 歲，單身，31 歲進入一家外商公司上班，平均月薪為 $60,000 元，報酬率為 2%。面對退休後無家庭的支柱，她應準備多少金額才能享有其無憂無慮的退休生活呢？

- 預估 61 歲時勞退個人帳戶餘額 265 萬。
- 她希望 61 歲退休，並能保有至少 75%的退休前薪資水準的生活，並預計其壽命為 81 歲。
- 小英目前已有投資基金約 80 萬，預估 61 歲時可累積為 145 萬。
- 請問每月需要儲蓄或投資多少錢？(3%計算)

一、計算退休時可從政府與企業雇主所領取之退休金：

1.勞保(一次或年金給付)

(1)退休時勞保年資 30 年，可領老年給付 45 基數。

(2)勞保平均投保薪資 43,900 元，預估可領勞保老年給付總額 1,975,500 元。

(3)勞保年金預估金額= 43,900x30x1.55%=20,414

(3)如何選擇？平均餘命長，選擇年金較划算，假設選擇老年年金每月可領取 20,414 元。

2.勞工退休金個人帳戶

(1)預估 61 歲累積帳戶餘額：265 萬。

(2)轉化為月領年金：年金現值(月年金 20 年，2%)

265 萬-40 萬(躉繳延壽年金保費 40 萬元)=225 萬

月領年金現值=11,382 元

3.假設無國民年金保險年資。

二、額外自行儲蓄金額：

1. 目前已有投資基金約 80 萬，預估 61 歲時可累積為 145 萬。

2. 轉化為月領年金：透過財務計算機求解後，可算出預估退休後每月可領 7,335 元。

三、退休時之生活費用總需求：

1.小英 61 歲退休時，預估其薪資將會調高為年薪 140 萬

(1)以現在月薪 $60,000 元，年薪 $900,000 元(3 個月獎金)，每年薪資以 3%複利成長，期間 15 年。

(2)$900,000 \times 1.03^{15} = 140$ 萬。

2.替代率 75%之退休前薪資水準：

(1)每年生活費用為 105 萬元 $(140 \times 75\% = 105$ 萬)

(2)平均每月生活費用需求=87,500 元

四、退休金缺口與平均儲蓄投資金額

1.退休金缺口= 87,500-31,796-7,335=48,369

2.預估每月需儲蓄或投資金額=每月退休金缺口之年金現值(20 年期間)=9,561,295

3. 小英 61 歲退休時，需要準備約 960 萬，

　　61 歲~81 歲才能每月有 4.8 萬元的退休所得。

4. 小英 46~61 歲期間，每月需投資多少錢，61 歲時才能
　　有 960 萬元的退休金呢？

- 　只需要透過計算機或將一次退休金總額(終值)除
　上年金終值因子(考慮利率 3%與期數 180 月)，就
　可以算出每月投資金額。

- 　每月需投資金額約為 4.23 萬元。

小叮嚀：

- 平均餘命長，選擇勞保年金較划算!

- 提早透過定期定額或定期繳納保費方式規劃退休
金，並留意風險分散與定期資產配置比率，很容
易就滿足退休需求喔!

- 可考慮以外幣利率變動型年金、外幣變額年金保
險或外幣終身還本壽險累積退休金，但可別忘了
匯率風險喔!

四、勞保年金以外的另一份勞工退休金！

> 與小芳聚餐時，她問到前一份工作的年資或退休金會歸零嗎？先前服務的公司幫小芳提撥多少退休金了？如何查詢？幾歲才可以領取勞工退休金？預估每月可以領多少錢呢？讓我們一起了解一下勞保年金以外的另一份勞工退休金。

　　勞工除了每個月領薪水、扣繳勞保、健保與就業保險保費、過年前領取年終獎金外，其實雇主每個月還需要遵循「勞工退休金條例」，依據勞工薪資提撥6%到勞工的個人退休金專戶。

　　雇主每月將勞工退休金提撥金額繳納至勞保局的退休金專戶後，由勞動基金運用局負責投資運用或委外投資運用。政府保證最低報酬率為二年定期存款利率，2018年二年定期存款利率約為1.0541%。如果勞工退休金的投資報酬率低於二年定期存款利率時，其差額由國庫補足。

　　勞工如果轉換工作，先前服務公司為勞工所提撥的退休金與利息，仍然繼續在勞工的帳戶內繼續累積，並不會歸零；而且年資也可以持續累積，不會因為轉換工作而年資中斷。還有，勞工也可以每月自願性的從薪資中扣除 0~6% 的提撥金額；該金額可以不列入當年度個人綜合所得總額；因此自願提撥的金額，隔年 5 月不需要納入薪資所得繳納個人綜合所得稅。

被保險人年齡達 60 歲，就可以領取退休金了。絕大部分的勞工，年資合計都超過 15 年，因此 60 歲時可請領年金(月退休金)，也可以選擇一次領取退休金。如果年資合計未滿 15 年，勞工退休金就只能一次給付，不能年金領取。

還有，勞工退休金與勞工保險老年年金不一樣，勞工退休金並沒有明確的退休金領取公式，勞工退休時可以領取的退休金金額主要看勞工從年輕到退休的各月工資高低、投資報酬率、性別、勞工預計存活年數、提撥年數與是否自願提撥而定。假設小芳工作 35 年，投資期間年報酬率為 4.5%，退休後年報酬率為 2%，預估可活到 80 歲，試算小芳每月可以領取的年金金額約 14,670 元，可以列表概算如下：

(1) 預估 60 歲累積帳戶餘額約為 330 萬。

工作年齡	月薪	公司每月 提撥金額(6%)	期末累積 帳戶餘額概估
26~30 歲	26,000	1,560	104,747
31~35 歲	36,000	2,160	275,568
36~40 歲	50,000	3,000	544,845
41~50 歲	70,000	4,200	1,481,160
51~60 歲	**110,000**	**6,600**	**約 330 萬**

(2)退休後分成二個階段，80 歲之前的年金給付，可以保證領取，未領完的年金由遺屬領取。80 歲以後的躉繳延壽年金保費假設為 40 萬，如果身故後就不能領取。小芳每月可以領取的年金金額約 14,670 元。

　　最後，平時如何查詢自己勞工退休金個人帳戶的餘額呢？首先，可以透過郵局金融卡在郵局 ATM 查詢勞保與勞工退休金個人帳戶餘額，但需要提出申請。民眾也可以到台北富邦銀行、土地銀行、台新銀行、第一銀行與玉山銀行申辦勞動保障卡，就可以在 ATM 查詢。還有，也可以利用自然人憑證在勞保局網頁查詢，最為方便。

小叮嚀：

● 勞工退休金提撥之薪資金額，通常不包含獎金、加
　班費、差旅費與交際費等項目。

● 勞工可以額外自願提撥退休金，該金額可以不列入
　當年度個人綜合所得課稅。

● 勞工 60 歲退休時，可以領取的年金金額主要看勞工
　從年輕到退休的工資高低、投資報酬率、性別、預
　計存活年數、提撥年數與是否自願提撥而定。

● 雇主或 SOHO 族、攤販、計程車司機等自營工作者，
　雖然無法享有每月公司勞退金的提撥福利，但可以
　透過自願提撥方式，自行參與勞工退休金提撥。

五、領取勞保老年年金後仍應留意的權益

> 案例：小蕙已經在 2012 年領取了勞保年金，每月領取 2 萬元的勞保年金，歡度退休生活過了 5 年卻因罹患癌症身故。請問她的配偶及子女可以領取什麼給付，請列舉摘要說明？

家屬可以有二項選擇，摘列如下：

一、 選擇一：勞工被保險人已領取老年年金，符合資格的遺屬可領取遺屬年金給付，領取金額為原領老年年金金額的一半。就小蕙的個案來說，遺屬可以每月領取約 1 萬元，領取至子女成年或配偶離世。

二、 選擇二：一次請領老年給付扣除已領年金給付總額之差額。依據小蕙年資與平均投保薪資計算，小蕙請領一次老年給付金額為 171.9 萬元。扣除小蕙已領取年金 120 萬元，還可以領取 51.9 萬元。

　　*平均投保薪資 38,200，可領月數 45 個月，
　　38,200x45=1,719,000

三、 若家屬決定以遺屬年金方式領取，需要準備那些文件？
　　1.遺屬年金給付申請書及給付收據
　　2.死亡證明書或檢察官相驗屍體證明書
　　3.載有死亡登記日期之戶口名簿影本

4.各符合請領資格遺屬之戶口名簿影本

5.以「在學」、「無謀生能力」與 「受被保險人扶養」
資格申請者，並需檢附其他證明文件

六、家庭主婦的退休金與基本保障~國民年金保險

案例：小蕙為了照顧小孩，放棄工作、專心操持家務與
教養子女。最近收到了國民年金保險繳費單，請問她要
繳費嗎？有那些年金給付可以領取呢？

政府舉辦的國民年金保險，其實是專屬於家庭主婦
等族群的社會保險。國民年金保險包含那些給付？除了
擁有老年年金給付外，還有生育、重度以上身心障礙、
喪葬津貼與遺屬年金等給付；然而老年年金、身心障礙
年金與遺屬年金只能擇一領取。另外領取老年年金或身
心障礙年金後身故，符合資格的遺屬還可以領取遺屬年
金，領取金額是原來領取的老年年金或身心障礙年金的
一半而且每月領取金額至少 3,628 元。以小蕙為例，小蕙
投保國民年金保險，假設年資為 10 年，在加保期間可能
享有以下部分項目的保險保障：

項目	領取標準	領取金額
1. 老年年金給付* (65歲領取)	● A式：月投保金額 x (0.65%) x 年資+3,628 ● B式：月投保金額 x (1.3%)x 年資	每月可領取 4,816元 (若同時可領取勞保老年給付，不可選擇A式)
2. 身心障礙年金	● 月投保金額 x (1.3%)x 年資 ● 最低領取金額為 4,872 元	每月可領取 4,872元
3. 遺屬年金	● 月投保金額 x (1.3%)x 年資 ● 最低領取金額為 3,628 元 ● 假設遺有符合資格的配偶與子女，共3人。	每月可領取 5,442元 3,628 x 1.5 =5,442 (可領到子女成年)

*老年年金、身心障礙年金與遺屬年金只能擇一領取。

　　提醒民眾，勞工保險老年給付與國民年金保險老年年金給付可以同時領取，不必擔心領不到。但是需要留意只能依照月投保金額 x (1.3%)x 年資計算月退休金，沒有保證最低3,628元的月退休金。最後提醒一下，國民年金保險的保費繳納與申請給付的承辦單位，與勞工保險相同，都是勞工保險局喔！

七、投保及領取相關表格範本

勞 工 保 險 投 保 申 請 書
全民健康保險第一、二、三類投保單位成立申報表
勞 工 退 休 金 提 繳 單 位 申 請 書

表　號：承表A

單位名稱	○○ 股份有限公司		是否為公營事業	是□　否☑

單位登記地址	縣 ○○ 市(區)　鄉鎮(市)	郵遞區號 0 0 3 2 0	村 ○○ 路　鄰 街	○○ 段　巷 弄 ○○ 號　樓　室
單位通訊地址	縣 ○○ 市(區)　鄉鎮(市)	郵遞區號 0 0 3 2 0	村 ○○ 路　鄰 街	○○ 段　巷 弄 ○○ 號　樓　室

負責人姓名	顏福義	身分證統一編號	A100100101	出生年月日	40.05.25	單位聯絡電話	03-4339222
						負責人行動電話	09xx-xxxxxx

負責人戶籍地址	縣 ○○ 市(區)　鄉鎮	村 ○○ 路　鄰 里 街	○○ 段　巷 弄 ○○ 號　樓　室

主要經營業務	書籍、文具零售	主要產品或出售貨品	書籍	勞工退休金雇主提繳率	6 %

單位統一編號或扣繳義務人編號	12739329	電子郵件信箱(健保必填)	12654@mail.nhk.hinet.net	傳真機號碼	03-4382222

依照勞工保險條例及其施行細則暨全民健康保險法及其施行細則之規定，對所僱全體員工（或所屬會員）及其眷屬申請參加勞工保險及全民健康保險。並依照勞工退休金條例及其施行細則暨外國專業人才延攬及僱用法規定，對所備適用勞動基準法之勞工（含本國籍、外籍配偶、陸港澳地區配偶、取得永久居留之外國專業人才）申請提繳勞工退休金，茲檢送應附書表及有關證件影本，請查照辦理為荷。

此　致

勞動部勞工保險局
衛生福利部中央健康保險署

　　單位名稱：○○ 股份有限公司
　　負責人姓名：顏福義

中 華 民 國　107 年 2 月 8 日

用印單位印章

用印負責人印章

以下欄位由勞保局、健保署填用

勞工保險證號		全民健保單位代號			
地　區		健保署分區業務組			業務組
積欠工資墊償單位		申報日期	民國　年　月　日 申報		
業別	屬性	性質	保險始期	民國　年　月　日	
受理	鍵錄	校對	複核	決行	勞保局、健保署收件章

1.勞工保險單位新成立之保險效力自文件遞送或郵寄當日起算；健保單位新成立之生效日係自設立日或登記日起算。（其餘辦理投保單位新成立手續請參閱書面說明）
2.本表請填寫一式2份（證明文件亦請附2份）。一併寄送健保署（臺北業務組轄區則請寄勞保局），每份均需加蓋單位及負責人印章，並請自行影印1份留存備查。
※不適用勞動基準法之單位，且無適用勞動基準法之勞工，勞保局將不予計收勞工退休金，雇主提繳率欄位不必填寫。

勞工保險 老年給付 申請書及給付收據

受理編號		號 填表日期 106 年 10 月 20 日 （填表前請詳閱背面說明）

| 被 保 險 人 | 姓名 | 陳 天 明 | 出生日期 | 民國 41 年 8 月 10 日 | 身分證統一編號 | A 1 2 3 4 5 6 7 8 9 |

通訊地址
郵遞區號：100 － 13
電話：(02) 12345678
行動電話：0912345678
前述地址為：(請勾選)
☑戶籍地址
□現住址

台北 縣市 中正 鄉鎮市區 村里 羅斯福 路街 1 段 巷 弄 4 號 1 樓
（受益人申請時，通訊地址欄請填寫受益人資料）

離職退保日期
（應確實填具從事工作最後一天）
本人確於 106 年 6 月 15 日離職退保

申請給付項目

※老年年金、老年一次金之請領年齡自民國107年起逐步提高（請詳參背面說明）。
※請領前請先至勞保局各地辦事處或網站試算老年年金金額（試算管道請詳參背面說明四第（三）點），經審慎考慮後務必一句勾選☑下列選項，如有更改請於更改處簽章（須與本申請書簽章相符）。
※依照勞工保險條例第58條第2項規定，經勞保局核付後，不得變更。

		申請老年給付金額
1.☑按月領取老年年金給付（含展延老年年金給付）		
2.□按月領取減給老年年金給付		元
3.□一次給付（老年一次金給付或一次請領老年給付）		（如無法計算，可不必填寫）

給付方式
（※請擇一句選）

······ 請將申請人之存簿封面影本浮貼於背面 ······

※ 一、金融機構（不含郵局）及分支機構名稱請完整填寫，存簿之總代號及帳號，請分別由左至右填寫完整，位數不足者，不須補零。
二、郵政存簿儲金局號及帳號（均含檢號）不足七位者，請在左邊補零。
三、所檢附金融機構或郵局之存簿封面影本應可清晰辨識，帳戶姓名名須與勞保局加保資料相符，以免無法入帳。

1、☑匯入申請人在金融機構之存簿帳戶： 彰化 銀行 仁愛 分行

總代號			帳號 金融機構存簿帳號（分行別、科目、編號、檢查號碼）												
0 0 9			4 1 1 5 0 0 0 1 1 2 2 3 3 0												

2、□匯入申請人在郵局之存簿帳戶： 局號 □□□□□□□ － □ 帳號 □□□□□□□ － □

以上各欄均據實填寫且已確定選擇上開勾選之申請給付項目，並瞭解老年給付經核付後不得再變更之規定。日後亦不得以本離職係由要求退回已領申請給付，同意貴局可逕本人將領取之保險給付中扣除繳還。

被保險人（或受益人）簽名或蓋章： **陳天明**
（詳閱資料後本人正楷親簽，如為受益請宣告者，應由法定代理人副署蓋章）

※ 申請一次給付者，逾60歲以後之保險年資，最多以5年計。
※ 未於國內設有戶籍者，應檢附身分證明相關文件。
※ 請領失業給付期間不得領取老年給付者，不再核給失業給付。

投保單位證明欄

上列各項據實填寫屬實，特此證明。（被保險人已離職且退保者，本欄得免予蓋章）

勞工保險證號： 01234567A	單位名稱：大旺股份有限公司	
負責人： 王英才 [王英才印]	經辦人： 李惠美 [李惠美印]	[大旺股份有限公司印 限股公份有旺]
電話：(02)12245688	地 址：台北市北投區大業路1-1號	（單位印章）

※符合請領老年年金給付條件者，年金給付自申請之當月起，按月發給，並於次月底匯至您指定的金融機構帳戶。申請之當月以原寄郵局郵戳或送交勞保局與各辦事處之日為準。
※勞工續辦請洽投保單位辦理，免費又方便，無須委由他人代辦，各項欄位請覈實填寫，如有偽造、詐欺等不法行為者，將移送司法機關辦理，如有疑義請洽本局（電話：02-23961266 轉分機 2262）。
※郵寄或送件地址：10013 台北市中正區羅斯福路1段4號「勞動部勞工保險局」收。

106.11

同時請領 勞工保險/國民年金保險 老年年金給付申請書及給付收據

受理編號	號	填表日期　年　月　日	（填表前請詳閱背面說明）

被保險人	姓名	陳天明	出生日期	民國 40 年 5 月 30 日	身分證統一編號	A 1 2 3 4 5 6 7 8 9

通訊地址：郵遞區號 100 － 13　電話：(02) 12345678　行動電話：0912345678

前述地址為:(請勾選) □戶籍地址 ☑現住址

台北市　中正市區　羅斯福街 1 段　弄 4 號 5 樓

※請詳實填寫：

本人年滿 65 歲，勞工保險確於 **105** 年 **5** 月 **31** 日離職退保。

申請金額	勞工保險老年年金給付（依勞保年資計算）	元（如無法核算，可不必填寫）	國民年金保險老年年金給付（依國保年資計算）	元（如無法核算，可不必填寫）

⋯⋯ 請將申請人之存簿封面影本浮貼於背面 ⋯⋯

匯入帳戶（※請擇一勾選）

一、金融機構（不含郵局）及分支機構名稱請完整填寫，存簿之總代號、分代號及帳號，請分別由左至右填寫完整，位數不足者，不須補零。

二、郵政存簿儲金帳號及帳號（均含檢號）不足欄位者，請由左邊補寫。

三、所檢附金融機構或郵局之存簿封面影本應可清晰辨識，以免無法入帳。

1、☑匯入申請人之存簿帳戶：　彰化　銀行　台北　分行

總代號	分支代號	金融機構存款帳號（分行別、科目、編號、檢查號碼）
0 0 9	1 2 3 4	1 2 3 4 0 0 0 0 0 0 0 0 0

2、□匯入申請人在郵局之存簿帳戶：　局號 □□□□□□□ － 帳號 □□□□□□□ － □

以上各欄均據實填寫，為審核給付需要，同意貴局可逕向衛生福利部中央健康保險署或其他有關機關團體調閱相關資料。如有勞未達繳費期限之應繳納國民年金保險費時，得由本人請領之國民年金保險老年年金給付中扣抵。又各該保險如有溢領之保險給付，亦同意貴局可逕由本人得請領之保險給付中抵銷繳還。

被保險人簽名或蓋章　**陳天明**　（詳閱資料後本人正楷親簽）

※ 未於國內設有戶籍者，應檢附經勞工保險條例施行細則第 54 條第 1 項所列單位驗證之身分或居住相關證明文件，並應每年重新檢送本局審核。

※ 請領失業給付期間又領取勞工保險老年給付者，不再核給失業給付。

勞工保險單位證明欄

上列各項經查明屬實，特此證明。（被保險人已離職且退保者，本欄得免予蓋章）

勞工保險證號：	01234567A	單位名稱：	大旺股份有限公司
負責人	王英才	經辦人	李惠美
電話：	(02)123456789	地址：	台北市北投區大業路1-1號

（單位印章）

※最後實填寫上述各項，如有疑義，請電洽勞動部勞工保險局普通事故給付組老年給付科，電話 (02) 23961266 轉分機 2262；或國民年金給付一科，電話 (02) 23961266 轉分機 6011；或各地辦事處詢問。

※申請手續完成後，如經審查符合請領資格，本局將會自申請之次月應起按月將您的老年年金匯至您指定的金融機構帳戶。

※郵寄或送件地址：10013 台北市中正區羅斯福路 1 段 4 號「勞動部勞工保險局」收。

105.6

第三章 勞保普通事故與職業災害給付要點與個案

第一節　勞工保險與職業災害保險投保要點
第二節　勞工保險與職業災害保險給付通則
第三節　勞保傷病與生育給付請領要點與個案
第四節　失能年金或失能一次給付請領要點
第五節　遺屬年金與喪葬給付請領要點
第六節　就業保險與國民年金保險給付個案
第七節　勞保申領表格範例
第八節　精選考題與考題解析

- 我生小孩了，可以請領多少生育給付？
- 我生病了，可以請領多少傷病給付？
- 器官切除或意外殘廢，可以請領那些失能給付或失能年金？
- 我發生職業傷害或職業病了，有那些給付可以請領？
- 我突然昏睡到下輩子，遺族可以請領那些遺屬給付或喪葬給付？

第一節 勞工保險與職業災害保險投保要點[8]

一、投保薪資

　　年滿 15 歲以上，65 歲以下之勞工，應以其雇主或所屬團體或所屬機構為投保單位，參加勞工保險。勞工保險承保的普通事故，包含老年、生育、傷病、失能、身故等人身事故；職業災害保險則承保執行職務或上下班途中所造成的職業傷害或職業病，包含傷病、失能、身故等人身事故。相關給付要點列舉如下：

1. 勞工保險的投保薪資最高為 45,800 元，依照勞工保險投保薪資分級表之投保金額投保。事故發生時，未來依照平均投保薪資給付各項勞工保險給付。

2. 勞工同時受雇於 2 個以上的投保單位時，若連續加保勞工保險超過 30 日，可以合併計算投保薪資，但最高以 45,800 為限。

3. 職業災害保險朝單獨立法發展，若三讀通過職災保險法最高投保薪資預計提高[9]。

二、勞工保險與職業災害保險之保費負擔比例

1. 有一定雇主的勞工：

(1) 勞保普通事故保費：雇主負擔 70%；勞工負擔 20%；

---

[8]職業災害保險單獨立法是未來趨勢，因此本書以勞保(普通事故)與職業災害保險二項保險制度之概念撰寫。
[9]依照勞動部法規草案，職業災害保險保額預計調為 57,800 元。

政府負擔 10%。

(2)職業災害保險保費：100% 由雇主負擔保費。

2.無一定雇主或自營作業而參加職業工會勞工：

(1)勞保普通事故保費：勞工負擔 60%；政府負擔 40%。

(2)職業災害保險保費：勞工負擔 60%；政府負擔 40%。

3.職業災害保險保險費率分為行業別災害費率及上、下班
   災害費率。行業別災害費率隨產業職災風險高低而制
   定差別費率，例如：2019 年建築工程業的費率為 0.54%、
   金融保險業及教育機構的費率為 0.04%。上、下班災害
   費率，各產業之費率都相同，並未有差別，2019 年為
   0.07%的費率。另外，為獎懲中大型企業強化災害控制、
   災害預防與抑制，針對僱用員工達 70 人以上之投保單
   位，該企業的保險費率隨過去三年的理賠率(實績率)
   調整。

小叮嚀：

● 欠繳勞保保險費仍可領取保險給付，但需補繳或扣
   除欠繳保費與滯納金。滯納金每日加徵，最高金額
   為應繳納保費金額之 **20%**。

● 被保險人應有實際從事工作事實，企業組織並有人
   事薪資證明，才具有勞保投保身分，也才具有被保
   險人資格，並享有勞保保障[10]。

---

[10]勞保為職業保險，而非國民保險；部分民眾未實際從事工作，卻透過機
構或組織工會(公會)投保，可能因此被勞保局拒絕支付各項給付並且無法
返還所繳保費。

- 被保險人領取勞保老年給付或公教人員保險老年給付後，仍然繼續受雇工作，可以繼續投保職業災害保險。

- 勞工保險、職業災害保險、就業保險、勞退金與國民年金保險的投保作業，一併由勞保局辦理。

- 依勞工保險條例，以詐欺或其他不正當行為請領保險給付，除處 2 倍罰鍰外，並應受損害賠償請求與負擔刑事責任。

- 被保險人請領老年給付、死亡給付、完全失能給付或累積失能給付達第 1 級(1,200 日)，勞工保險契約效力終止。

三、平均月投保薪資之計算方式

1.年金給付及老年一次給付：包含遺屬年金、老年年金、(全部)失能年金與老年一次給付等。

(1)依照被保險人加保期間最高六十個月的月投保薪資平均計算(2019 年)。

(2)參加保險未滿五年者，依照實際投保期間內的月投保薪資平均計算。

(3)擁有勞保舊制年資(在 2008 年 7 月前已投保勞保勞工)：依照退保(申領給付)當月起算前三年的月投保薪資平均計算。

2.其他現金給付及一次給付項目：包含傷病給付、失能或
　死亡給付、生育給付、喪葬給付。

(1)按被保險人發生保險事故之前六個月平均月投保薪資
　計算[11]。

(2)以日為給付單位的項目，例如：生育給付、傷病給付
　或部分失能給付，以平均月投保薪資除以三十計算。

第二節　勞工保險與職業災害保險給付通則

一、勞工保險與職業災害保險給付項目

1.勞保普通事故保險給付項目：生育、老年、傷病、失能
　及死亡等給付；包含老年給付、生育給付、傷病給付、
　失能年金或失能一次給付、遺屬年金或遺屬一次給付、
　喪葬給付、失蹤期間給付等。

2.職業災害保險給付項目：傷病、失能、死亡等給付；包
　含傷病給付、醫療給付、失能年金或失能一次給付、
　遺屬年金或遺屬一次給付、喪葬給付等。

---

[11] 自事故發生當月起算，亦即涵蓋事故當月起算六個月的平均投保薪資計算。

二、勞工保險給付通則

1. 基於不重複保障原則並避免浪費資源，被保險人或其受益人符合失能年金、老年年金或遺屬年金條件時，應擇一請領。

2. 同一種保險給付，不得因同一事故而重複請領給付。例如本人喪葬給付與家屬喪葬給付不得重複請領，且限一人請領。[12]

3. 擁有舊制年資，可擇優選擇請領一次給付或年金給付，但勞保局核付後就不得變更或反悔。

4. 請領年金給付後，消費者物價指數累計成長率達正負百分之五時，給付金額依該成長率調整。

5. 被保險人在保險效力有效期間發生保險事故者，被保險人或其受益人才能依規定請領保險給付；若已經退保或非保險有效期間內發生事故，就無法申領相關給付。

6. 被保險人或受益人領取各種保險給付之權利，不得讓與、抵銷、扣押或供擔保。

7. 勞工保險給付鼓勵採匯款方式，少數民眾也採支票支付。另外被保險人或受益人請領年金給付時，可在金融機

---

[12] 同一分娩或早產事故同時符合國民年金保險與相關社會保險生育給付或補助條件者，僅得擇一請領。被保險人經診斷為重度以上身心障礙且經評估無工作能力者，如同時符合相關社會保險請領規定，僅得擇一請領。

構開立專戶，專供存入年金給付之用，以避免資金被
扣押、擔保或強制執行。

8.經勞保局核定後，保險給付應在 15 日內給付；年金給
付應於次月底前給付。如果勞保局逾期給付，應加計
利息給被保險人或受益人。

第三節 勞保傷病與生育給付請領要點與個案

一、傷病給付請領要點

1. 勞保普通事故保險傷病給付依據被保險人的住院天數給付傷病給付;非住院治療期間或工作期間不能請領傷病給付。計算住院天數時,需要扣除前 3 天,從第 4 天開始計算;而且只能針對住院天數,每天給付 50% 投保薪資,最多給付一年。

2. 職業災害保險傷病事故包含勞工因為上下班途中車禍、在職場或公出發生意外事故或罹患職業病等各種情形。職業傷病給付依照「治療期間」給付日額津貼,包含門診治療期間與住院期間都能納入給付。第一年每天可領取 70% 的投保薪資,第 2 年每天可領取 50% 的投保薪資;最長給付 2 年。另外,計算治療期間時,同樣需要扣除前 3 天,從第 4 天開始計算。

3. 領取傷病給付,必須同時符合以下三大要件:

(1) 不能工作:被保險人不能在傷病住院或治療期間,仍前往企業工作。

(2) 未能取得原有薪資:被保險人不能在傷病住院或治療期間,仍前往企業工作並取得原有薪資。

(3) 實際接受治療:勞保普通事故依據住院日數支付傷病給付;職業災害保險則依據住院治療與門診等持續治療期間支付傷病給付。

4.請領傷病給付應備文件：必須填寫傷病給付申請書檢附傷病診斷書；診斷書由醫師填寫，並註明住院、門診期間與傷病症狀及處置。

5.勞工傷病痊癒或傷勢復原後重返工作或已經終止治療，傷病給付支付至工作日之前一日。

二、傷病給付請領要點

1.勞工保險與商業醫療保險不同，勞工保險給付不因既往症或帶病投保而不予給付。

2.傷病給付按日計算，建議以 15 日為一期，分批向勞保局申請。

3.休養期間而未接受實際治療，就不能申請傷病給付。請領傷病給付的金額，採取日額給付，而非實支實付補償，所以給付金額與自付醫療費用金額或次數無關。

4.勞工已退職且領取老年給付，未來罹患疾病或發生意外，不得再請領傷病給付等各項給付。但若屬於勞保有效期間內之疾病意外事故，仍得於期限內請領。

5.領取傷病給付請求權，自得請領之日起，因 5 年不行使而消滅。

6.被保險人發生保險事故，於其請領傷病給付或住院醫療給付未能領取薪資或喪失收入期間，得免繳被保險人負擔部分之保險費；免繳保險費期間之年資可以累計計算。

7.若被保險人已領滿 2 年的職災保險傷病給付,之後復原
　並恢復工作;一段時間後又發生職災事故,而且症狀
　或部位不同,仍得請領職災傷病給付。

8.被保險人已取得原有薪資或報酬,不得請領傷病給付,
　但若被保險人請特休假、排休、彈性假、輪休假與補
　休,不視為已取得原有薪資或報酬,還是可以請領傷
　病給付。[13]

三、生育給付要點

1.女性被保險人分娩當月起,女性被保險人生育 1 位小孩,
　可請領 2 個月的平均月投保薪資;女性被保險人生育
　雙胞胎,可請領 4 個月的平均月投保薪資。

2.平均月投保薪資依據生育當月起算前 6 個月之月投保
　薪資平均計算。

---

[13]被保險人雖因傷病無法工作,但仍取得部分薪資或報酬,僅能請領部分
傷病給付。

四、傷病給付請領實務個案

> 勞工小輝中午在公司午休時上廁所不慎滑倒受傷住院，小輝除了可向壽險公司申請理賠外，還可以申請那些勞保給付？另外，小輝半年前因為盲腸炎住院，可不可以申請勞保給付？有那些事項需要注意的呢？

勞工因為勞工保險普通事故就醫，傷病給付依照「住院天數」給付日額津貼；「門診治療期間」不能納入計算。另外，計算住院天數時，需要扣除前 3 天，從第 4 天開始計算，最多給付 365 天。普通傷病給付金額為 50%的平均日投保薪資乘上住院天數。

勞工因為職業傷病事故，諸如上下班途中車禍、在職場或公出發生意外事故或罹患職業病等各種職業災害事故而就醫。此時，職業傷病給付依照「治療期間」給付日額津貼，包含門診治療期間與住院期間都能納入給付。第一年治療期間可領取 70%的日投保薪資，第 2 年治療期間可領取 50%的日投保薪資。另外，計算治療期間時，同樣需要扣除前 3 天，從第 4 天開始計算。

假設小輝投保薪資 42,000 元，住院 10 天，出院後 30 天內例行每週前往醫院接受門診治療，小輝可以申領的傷病給付摘列如下表：

給付項目	給付摘要	預估領取金額
勞工保險普通事故給付	● 只能針對住院天數給付 50% 的日投保薪資。 ● 前 3 天不計。	● 平均每日投保薪資 x 50% x 住院天數（扣除 3 天） ● 可領取 4,900 元（42,000/30x50%x7）
職業災害保險職業傷病給付	● 門診治療期間與住院治療期間都能給付。 ● 首年給付 70% 的日投保薪資。 ● 前 3 天不計。	● 平均每日投保薪資 x 70% x 治療天數（扣除 3 天） ● 可領取 36,260 元（42,000/30 x 70% x 37）

● 如果有發生殘廢失能情況，經治療後症狀穩定後可另外申請勞保失能給付。

所以，小輝中午在公司午休後上廁所不慎滑倒受傷就醫，符合職業災害保險的職業傷害規範，小輝得以職災身分就醫，免除所有健保部分負擔，而且可以依照治療期間扣除三天後之天數申領傷病給付。另外，小輝因為盲腸炎住院，屬於勞保普通事故，只能依照實際住院期間扣除三天後之天數請領傷病給付。

第四節 失能年金或失能一次給付請領要點

一、勞保普通事故的失能給付請領要點

1.被保險人由於意外傷害或疾病而導致殘廢失能事故,可區分為失去部分工作能力(部分失能)與終身無工作能力(完全失能)兩種情況。例如:因車禍、職業病、癌症、殘廢、洗腎或癱瘓而造成殘廢失能、肢體缺失或器官功能缺失等情況都涉及失能事故。

　　部分失能可申領一次失能給付,失能給付金額依照失能給付項目表給付。另外,若完全失能被保險人則可申領失能年金。失能年金給付或失能一次給付需要被保險人經過一段合理治療期間後才可以申請。合理治療期間因失能部位而有差異,約為半年~2 年[14],而且需要治療後症狀穩定,經專科醫師診斷為永久失能或部分失能。

(1)部分失能:依勞保失能給付標準表之失能等級及標準,一次給付失能補助費,區分為 15 級 221 項,第 1 級給付 1,200 天的日投保薪資;第 15 級給付 30 天的日投保薪資。

a.同一種疾病,例如下背痛或軀幹失能,可以申請的失能給付有許多等級,端視個案嚴重程度而定。

b.同一部位身體障害之定義:是否屬於同一部位的障害依照失能給付標準表的分類標準判定。例如:右手手指

---

[14]眼、耳、鼻、四肢之機能永久失能,並無合理治療期間,只載明治療後症狀穩定即可申領給付。

殘缺與左足足指殘缺屬於不同部位；右手上肢腕關節
以上缺失與以下缺失，屬於同一部位殘廢障害。

c.若符合勞保失能給付標準表之任何兩個項目以上者，則
按照較高的失能等級給付。

(2)完全失能(終身無工作能力)：

a.可領取之每月失能年金金額=平均月投保薪資×1.55%×
年資（2019年最低給付金額為4,000元）。

b.眷屬補助：有符合資格的配偶或子女，每1人加發25
%，最多50%。

c.如果被保險人在2008年7月之前就已經參加勞工保險，
符合終身無工作能力狀態時，除了請領失能年金外，
也可以擇優選擇勞保的一次殘廢給付，得請領金額為
1,200天的平均日投保薪資。

d.失能給付表共約221項，需要失能給付標準表的失能狀
態欄載明「終身無工作能力」的項目(共有20項)，才
能申請失能年金；原則上其他201項的失能項目都只
能請領一次失能給付(部分失能)，無法請領失能年金[15]。
另外，經審定失能程度符合1~6級，並經個別化專業
評估工作能力減損達七成以上且無法從事工作者，也
能請領失能年金。

---

[15]2013年8月起經審定失能程度符合1~6級，並經個別化專業評估工作
能力減損達七成以上且無法從事工作者，也能請領失能年金。

e.被保險人符合終身無工作能力,可領取失能年金,但勞
　保局隨即辦理退保,未來不得再領取其他年金或保險
　給付[16]。

二、職業災害事故的失能年金或失能一次給付

　　勞工因職災事故而部分失能,可以依照勞保普通事
故給付標準加計 50%請領失能一次給付;若符合終身無
工作能力,則除了領取失能年金外,再多發 20 個月的「職
災失能一次給付」。分項列述與後:

1.部分失能:依失能給付標準表之失能等級及標準乘上
　1.5 倍計算失能給付金額。所以第 1 級給付 1,800 天的
　日投保薪資;第 15 級給付 45 天的日投保薪資。

2.永久失能(終身無工作能力):除每月可以領取失能年金
　外,另加給 20 個月的「職災失能一次給付」。如果被
　保險人在 2008 年 7 月之前就已經參加勞工保險,發生
　永久失能時,也可以擇優選擇勞保舊制的一次殘廢給
　付,一次領取 1,800 天的平均日投保薪資(60 個月)。

---

[16]被保險人發生終身永久失能事故,請領失能年金後,若失能程度改善,
失能年金就會停發,改依照較輕微的失能等級,給付失能一次給付。被
保險人在 2008 年 7 月以前就參加勞保,已領取失能年金後身故,遺屬除
可領取遺屬年金外,也可以選擇一次請領失能給付,但須扣除已領的失
能年金金額。

小分享：

- 小莉的保險年資 20 年又 6 個多月，平均月投保薪資 32,000 元，若發生永久失能事故，請問每月可領取多少金額的失能年金？

  $32,000 \times (20+7/12) \times 1.55\% = 10,208$ 元[17]

- 小莉有未成年子女 2 人，保險年資 20 年又 6 個多月，平均月投保薪資 32,000 元，每月年金金額：

  $32,000 \times (20+7/12) \times 1.55\% \times (1+25\% \times 2) = 15,312$ 元

- 如為職災事故，再加發職災失能一次給付：

  $32,000 \times 20$ 個月 $= 64$ 萬元

小叮嚀：

- 被保險人領取失能年金給付後，勞保局至少每五年將會重新審核失能被保險人的失能程度。

- 被保險人累計領取給付達第 1 級或已領取第 1 級的一次給付後，若未來恢復工作能力而繼續工作，被保險人之工作年資需要重新計算。但是如果被保險人只領取其他等級(2~15 等級)的失能一次給付或失能年金給付，不須歸零重新計算勞保年資。

---

[17] 各項年金給付金額計算前，月數比例計算至小數第二位，第三位四捨五入。例如：16.33333 年，以 16.33 計算。年金給付金額計算後以元為單位，元以下四捨五入為元。

小叮嚀：

- 被保險人之身體原先已局部失能，已請領部分失能給付；後來被保險人符合失能年金給付條件，並請領失能年金給付，被保險人每月只能領取失能年金給付金額的 80%，直到累計每月少領的 20% 扣減金額超過已經領取的失能一次給付金額的一半後，被保險人才可恢復 100% 的每月失能年金領取金額。

- 已經請領部分失能一次給付，隨後符合老年年金或老年一次給付，並不需要扣除已領取部分的失能給付。但若符合終身永久失能而領取失能給付後，就不得請領老年給付了。

- 配偶若欲領取失能年金給付的眷屬津貼，必須婚姻存續超過 1 年，因此配偶符合資格該月份，才能申請加發眷屬補助。此外眷屬請領眷屬補助增加 25% 時，需要眷屬未領取其他年金給付。

- 勞保被保險人洗腎、職業性下背痛(骨刺)、罹患脊椎疾病、更換人工關節、因車禍撞斷牙齒、切除子宮或其他臟器、燒燙傷或臉上遺存疤痕等狀況，若符合失能標準並經醫療院所開具失能診斷書與給付申請書等文件，即可申請失能給付。

- 被保險人已領取普通事故失能一次給付，隨後選擇請領職業傷病失能一次給付時，應扣除原已領取之給付日數。〔給付金額＝平均日投保薪資×（職業

> 傷病失能給付日數-原已領取普通事故失能給付日數)〕

● 被保險人已一次領取普通失能給付,之後選擇請領職業傷病失能年金,除可請領失能年金外,應另發給 20 個月失能給付;但須扣除原已領取給付金額之半數;如果不足扣除時,則按月發給失能年金給付金額之百分之八十,至原已領取給付金額之半數扣減完畢為止。〔給付金額=失能年金+(二十個月職業傷病失能補償一次金-原已領取普通事故失能給付金額之半數)〕

三、失能給付請領實務個案

> 案例:小輝因為旅遊意外車禍而全身癱瘓,請問他的家人可以請領那些勞工保險給付?若小輝在上下班途中因意外車禍而全身癱瘓,請問他可以請領那些職業災害保險給付?

　　就小輝個案來說,因為旅遊意外車禍而全身癱瘓。此時,小輝的家屬可填寫勞保傷病給付申請書並附上醫師診斷證明書,在一年內住院可獲得一半的投保薪資給付。

　　然後經過半年治療後，如果小輝仍然失能症狀固定無法改善，小輝的家屬可以填寫勞保失能保險給付申請書並附上醫師診斷證明文件，即可為小輝申請失能年金給付。失能年金給付金額為<u>平均投保薪資 x 年資 x 替代率(1.55%)</u>；如果配偶或子女符合資格要求，還可以再增加年金給付金額的 25%或 50%。

　　由於小輝已投保勞工保險多年，因此也可以考慮選擇一次領取 1,200 日的日投保薪資。小輝最近十多年的勞保投保薪資都是 30,300，工作年資已經 30 年，逐一列舉可領取的各項勞保給付如下：

項目		保障摘要	金額
1.傷病給付		第 4 天起，可申請傷病給付，每天金額為：50% x 平均投保薪資÷30	1 年後共申請 184,325 元 (建議每半個月申請 1 次)
選擇一	失能年金(加計眷屬津貼)	假設太太年滿 45 歲且收入低、子女已成年，失能年金增給 25%	17,613 元 (每月)
選擇二	失能一次給付	日投保薪資 x 失能殘廢表所載日數	121.2 萬

若小輝在上下班途中因意外車禍而全身癱瘓,屬於職業傷病,保障金額與範圍較廣且較高。小輝在住院期間與治療期間都可以請領傷病給付,第一年治療期間可以請領 70%的日投保薪資、第二年可以請領 50%的日投保薪資。

另外,小輝可以選擇申領失能年金每月 17,613 元,並額外領取 20 個月投保薪資的職災失能一次給付(60.6萬)。此外,小輝也可以選擇領取失能一次給付,金額為181.8 萬元。

貼心小叮嚀:
1. 選擇失能年金後,未來小輝身故,他的配偶、未成年子女等遺族,可以申請遺屬年金給付,遺屬年金給付金額為原來領取的失能年金金額的一半。
2. 勞工如果因為上下班途中發生車禍或職業傷病而就醫、失能或身故,可申領的保險給付金額與範圍較廣且金額較高,民眾可別忽略自身的職災權益。

第五節 遺屬年金與喪葬給付請領要點

一、勞保普通事故之遺屬年金請領要點

1.被保險人身故，遺有「符合條件」的配偶、子女、父母、祖父母、受其撫養的子女或兄弟姊妹，可領取遺屬年金；領取標準與方式如下：

(1)保險期間內身故，每月給付遺屬年金＝平均月投保薪資×1.55％×年資（2019年最低給付金額為 3,000 元）。

(2)已請領失能年金或老年年金，一段期間後死亡：依原領取之失能年金或老年年金金額的半數發給。

(3)遺屬津貼加計：遺有符合資格的配偶子女等遺屬，合計 2 人可加發 25％，達 3 人加發 50％。

2.如果被保險人在 2008 年 7 月之前就已經參加勞工保險，發生身故事故時，可以擇優選擇遺屬一次給付 30 個月的平均月投保薪資。

二、職業災害事故之遺屬年金請領要點

　　被保險人因為職業傷病事故包含勞工因為上下班途中車禍、在職場或公出發生意外事故或罹患職業病等各種情形而身故，除得領取遺屬年金外，並另發給10個月的職災死亡一次給付。若擁有勞保舊制年資，遺屬亦可選擇申領遺屬一次給付40個月投保薪資。因此領取金額如下：

1. 保險期間內身故,每月給付遺屬年金:平均月投保薪資 ×1.55%×年資,另外加上 10 個月的職災死亡一次給付。

2. 如果被保險人在 2008 年 7 月之前就已經參加勞工保險,發生職災身故事故時,可以擇優選擇遺屬一次給付,給付金額為 40 個月的平均投保薪資。

三、遺屬年金給付請領要點

1. 萬一投保單位有歇業、破產或類似情形,被保險人、受益人或支出殯葬費者,可自行向勞保局申請相關給付,不須透過公司或公會申請。

2. 遺屬具有受領二個以上遺屬年金給付之資格時,應擇一請領。

3. 遺屬年金或遺屬一次給付的受領遺屬順序:
   (1)配偶及子女
   (2)父母
   (3)祖父母
   (4)受扶養之孫子女
   (5)受扶養之兄弟姊妹

4. 第 1 順序之遺屬全部不符合請領條件,或有下列情形之一且無同順序遺屬符合請領條件時,第 2 順序之遺屬得請領遺屬年金給付:
   (1)在請領遺屬年金給付期間死亡。

(2)行蹤不明或於國外。

(3)提出放棄請領書。

(4)符合請領條件起一年內未提出請領者。

溫馨小分享：

1.小輝在加保期間因為職災死亡，遺有未成年兒子 1 人，保險年資 25 年又 4 個多月，平均月投保薪資 33,000 元。

- 每月遺屬年金金額＝

  $33,000×(25+5/12)×1.55％＝13,002$ 元

- 再加發職災死亡一次給付＝$33,000×10$ 個月＝

  33 萬元(可領到子女成年或配偶身故)

2.小輝退休後領取老年年金一陣子了，突然在 70 歲時因意外車禍死亡，遺有無工作能力配偶 1 人，請問他的遺屬可以改領多少金額的遺屬年金。

- 每月老年年金金額＝13,002 元

- 改領每月遺屬年金金額＝$13,002×50％＝6,501$ 元

四、喪葬給付請領要點

　　勞保被保險人身故時，其家屬可請領被保險人喪葬給付或家屬之勞保眷屬死亡給付二者擇優領取。另外，被保險人的勞工保險可能因為已經領取失能年金或老年年金等原因而終止或退保，因而無法領取喪葬給付，此時可由投保薪資較高的眷屬，以眷屬死亡給付方式申領給付。

(1)本人喪葬給付：被保險人的家屬可依據被保險人平均月投保薪資的 5 倍請領。

(2)眷屬死亡給付：

　　a.被保險人的父母或配偶身故：3 個月

　　b.被保險人的子女身故：若子女未滿 12 歲身故，給付 1.5 個月；子女年滿 12 歲身故，給付 2.5 個月。

小叮嚀：

1.遺屬年金的受益人，可以從提出請領日起追溯補發 5 年內得請領的年金給付金額。

2.被保險人已投保勞保多年，遺屬申請遺屬給付時可以擇優選擇遺屬年金或遺屬一次給付。若選擇遺屬一次給付，因普通事故身故共可請領 35 個月的遺屬一次給付(已加計 5 個月的喪葬給付)；因職業災害身故共可請領 45 個月的遺屬一次給付(已加計 5 個月的喪葬給付)。

五、 遺屬年金與喪葬給付請領實務個案

案例：小莉因為交通意外而身故，請問勞工保險給付未來可提供她的遺屬多少金額的生活津貼？請問在上下班途中因意外車禍而身故，她的家人可以請領那些給付？

　　就小莉案例來說，假設她平均投保薪資為31,000元，身故時年資達17年，遺留先生與兒子1人(8歲)。她先生年齡55歲、工作正常且薪水穩定合理，此時她的先生與兒子符合遺屬年金第一順位的領取資格，可申領遺屬年金；遺屬年金給付金額=平均投保薪資 x 年資 x 替代率(1.55%)。

　　由於符合第一順位請領資格人數超過1人，因此可以增加25%的年金給付金額。其次，由於小莉在2008年7月以前就投保勞工保險，因此也可以選擇舊制的遺屬一次給付，一次給付金額則是30個月的投保薪資。列表說明如下：

項目		金額
選擇一	遺屬年金	31,000 x 1.55% x 17=8,169 元(每月)
	遺屬年金加計 1 位眷屬津貼	● 10,211 元(每月)
選擇二	遺屬津貼一次給付	30 個月的投保薪資 =930,000
建議	假設子女年幼(≦ 10 歲)：建議領取遺屬年金，因為遺屬年金可領取到子女全部成年(20 歲)。	

*可額外領取喪葬給付，給付標準為 5 個月的投保薪資共
15.5 萬。

**配偶+1 位未成年子女，增給 25%。

　　最後，如果因為職業災害身故，遺屬除了可以請領遺屬年金(10,211 元)與喪葬給付(15.5 萬)外，還可再額外領取一次給付 10 個月的投保薪資(31 萬)。另外遺屬也可擇優選擇一次請領 45 個月的投保薪資，金額為 139.5 萬。

六、 勞保給付請領實務個案

> 案例：小莉透過職業工會加保勞工保險；因罹患胃癌而住院20天進行胃切除手術。另外小莉年滿61歲時開始請領老年年金，65歲因病身故。請問就本個案來說，可申請那些給付呢？

　　假設小莉平均月投保薪資為30,000元，她的先生或子女平均月投保薪資為43,900。小莉身故後，先生年滿65歲而且並未領取其他勞保年金給付，她的子女也都成年且有穩定收入；小莉與家人可能領取的勞保給付如後：

1. 住院期間可申領傷病給付：依照住院天數給付50%的日投保薪資，最多給付一年。計算住院天數時，需要扣除前3天，從第4天開始計算。小莉住院期間傷病給付可請領金額：8,500元((30,000/30)x50%x17)。

2. 失能給付：胃切除後經醫師開立失能診斷書後，可申領失能一次給付，金額為100天的日投保薪資（失能等級為第12級）。小莉可請領金額為(30,000/30)x100=100,000。

3. 老年年金給付：若干年後小莉年滿61歲，累積年資30年，符合勞工保險老年年金領取條件時，可以選擇請領月退休金；領取金額計算公式為平均月投保薪資x年資x1.55%。小莉每月可領取金額為30,000x(1.55%)x30=13,950。

4. 遺屬年金給付：當小莉65歲身故時，若子女未成年或配偶年紀高於55歲且未領取勞保年金，就可以申領遺屬年金；領取金額為小莉先前每月領取的老年年金金額的一半。小莉的先生每月可領取金額為13,950 x 0.5 =6,975。

5. 家屬喪葬給付：配偶或子女可申請眷屬喪葬給付3個月，建議由勞保投保薪資較高的親屬申請，可申領的金額最高。小莉的子女可領取的喪葬給付＝投保薪資x 3個月＝131,700。[18]

小叮嚀：

● 為避免申請給付時因勞保局認定投保不實而遭拒賠，民眾若透過職業工會投保，應該挑選與從事的職業或職務密切相關的職業工會/公會。

● 若符合全民健保重大傷病，可以免除健保部分負擔費用，請留意！

---

[18]被保險人已請領老年年金或失能年金後身故，就無法請領喪葬給付。
遺屬年金可以提出追溯補發 5 年內得領取的所有給付。
本個案家屬也可以選擇一次請領遺屬給付(30 個月)，但須扣除已領取的年金總額。

停看聽：

勞工保險普通事故與職業傷病保險給付摘要(2019 年)

一、勞工保險"普通事故"給付要點

1. 生育給付：依照母親的平均月投保薪資乘上 2 個月給付，雙胞胎則給付 4 個月的生育給付。

2. 傷病給付：住院第 4 天起算，依住院日數按日給付 50％之日投保薪資，最長 1 年。

3. 遺屬年金：

(1) 保險期間內身故，每月給付遺屬年金：平均月投保薪資×1.55％×年資（最低 3,000 元）。

(2) 已請領失能年金或老年年金，一段期間後死亡：依原領取之失能年金或老年年金金額的半數發給。

(3) 眷屬補助：有符合資格的配偶或子女，每多 1 人可加發 25％，最多加發 50％。

(4) 如果被保險人在 2008 年 7 月之前就已經參加勞工保險，身故時遺屬也可以選擇一次領取 30 個月的平均投保薪資。

4. 喪葬給付：本人喪葬給付與眷屬死亡給付，二者擇優選擇。詳細來說，如果身故的被保險人投保薪資較低，此時投保薪資的 5 倍可能低於仍在世的其中一位眷屬的投保薪資的 3 倍，此時家屬選擇眷屬死亡給付可以領取的喪葬給付金額較高。

(1)本人喪葬給付：5 個月。

(2)眷屬死亡給付：

a.被保險人的父母或配偶身故：3 個月。

b.被保險人的子女身故：子女未滿 12 歲身故，給付 1.5 個月的平均月投保薪資；子女年滿 12 歲身故，給付 2.5 個月的平均月投保薪資。

5.失能年金或失能一次給付

(1)部分失能(殘廢)：依失能等級及標準一次給付失能補助費；可以依失能等級領取 30 天~1,200 的日投保薪資。勞保失能給付依嚴重性共區分為 15 個失能等級。

(2)完全失能(終身無工作能力)：符合終身無工作能力的失能項目可能為第 1~3 的失能等級，約有 20 個項目。可領取之每月失能年金金額如下：

a.平均月投保薪資×1.55％×年資（最低 4,000 元）。

b.眷屬補助：有符合資格的配偶或子女，每 1 人加發 25％，最多 50％。

c.如果被保險人在 2008 年 7 月之前就已經參加勞工保險，發生終身失能時也可以選擇一次領取失能給付，金額為 1,200 天的日投保薪資。

二、"職業傷病或職災保險"給付要點

1.傷病給付：職業傷病給付依照「治療期間」給付日額津貼，包含門診治療期間與住院期間都能納入給付；但需要扣除前 3 天。第一年每天可領取 70%的投保薪資，第 2 年每天可領取 50%的投保薪資；最長給付 2 年。

2.遺屬年金或遺屬一次給付：

保險期間內身故，每月給付遺屬年金：平均月投保薪資×1.55%×年資，另外加上 10 個月的「職災身故一次給付」。如果被保險人在 2008 年 7 月之前就已經參加勞工保險，被保險人身故時，遺屬也可以選擇一次領取 40 個月的平均投保薪資。

3.喪葬給付：本人喪葬給付與眷屬死亡給付，二者擇優選擇。

(1)本人喪葬給付：5 個月。

(2)眷屬死亡給付：

a.被保險人的父母或配偶身故：3 個月。

b.被保險人的子女身故：子女未滿 12 歲身故，給付 1.5 個月的平均月投保薪資；子女年滿 12 歲身故，給付 2.5 個月的平均月投保薪資。

4.失能年金或失能一次給付：

(1)部分失能(殘廢)：可以依失能等級領取 45 天~1,800 天的日投保薪資。勞保失能給付依嚴重性共區分為 15 個失能等級。

(2)完全失能(終身無工作能力)：符合終身無工作能力的失能項目可能為第 1~3 的失能等級，約有 20 個項目。若勞工因職災導致終身無工作能力；此時，除失能年金外，另加給 20 個月的「職災失能一次給付」。如果被保險人在 2008 年 7 月之前就已經參加勞工保險，發生終身失能時也可以擇優選擇一次領取失能給付，金額為 1,800 天的日投保薪資。

第六節　就業保險與國民年金保險給付個案

一、國內就業保險實施規範

1. 2003 年 1 月 1 日經立法院三讀通過就業保險法，實施就業保險。
2. 保險對象：年滿 15 歲以上，65 歲以下之受僱勞工。
3. 保險給付：
a. 失業給付：失業前六個月平均月投保薪資的 60%；若扶養無工作收入的配偶、未成年子女或身心障礙子女，每 1 人可加發平均月投保薪資之 10%，最多加計 20%。失業給付領取期間為 6 個月；若已年滿 45 歲或領有身心障礙證明者，失業給付最長發給 9 個月。
b. 其他給付：提早就業獎助津貼、職業訓練生活津貼、育嬰留職停薪津貼與全民健康保險費補助等。

二、就業保險請領個案

> 案例：小輝剛歡渡 46 歲生日，就收到公司意外的生日禮物：資遣！

　　就業保險有三項津貼跟失業有關係，分別是失業給付、提早就業獎助津貼與職業訓練生活津貼。失業給付如何領取呢？首先被保險人要符合非自願離職要件，自己主動離職不符合領取資格條件。另外，被保險人還需要到<u>公立</u>就業服務機構辦理求職登記，並且 14 天內無法推介就業或安排職業訓練。但是如果公立就業服務機構推介的工作偏遠，超過住所 30 公里以上，或是薪水低於可以領取的失業給付，可以不接受嗎？答案是可以的，這時候可以先領取失業給付，邊領失業給付邊找工作或參加職業訓練喔！

若符合失業給付申領資格，可向勞保局申請多少金額的失業給付？依照就業保險法令規範，可領取 60% 的投保薪資、領取半年。另外如果被保險人有扶養無工作收入的配偶、未成年子女或身心障礙子女，每一人可加發平均月投保薪資的 10%，最多加計 20%，最高可以領取 80% 的投保薪資。還有，因應中高齡失業困境，如果被保險人年齡滿 45 歲，就可領取 9 個月，多了 3 個月給付。

另外，如果請領失業給付後，六個月內就找到工作，不是吃虧嗎？別擔心，也可以請領提早就業獎助津貼，提早就業獎助津貼領取金額是尚未請領失業給付金額的 50%，因此領取失業給付期間也要認真找工作喔。其次，如果被保險人被公立就業服務機構安排全日制職業訓練，就可以申請領取職業訓練生活津貼；領取金額為投保薪資的 60%~80%，一律領取 6 個月。

就小輝來說，他應該前往住家附近的公立就業服務機關登記求職或受訓，14 天後還沒有工作或沒有被安排職業訓練，就可以領取失業給付，可領 9 個月。假設小輝的平均投資薪資為 40,000 元，就業保險年資也滿 1 年，太太就業中且尚有 1 位未成年女兒，列表說明可領取之情況與給付金額如下：

情況	給付別	摘要	領取金額(元)
1.	失業給付 (沒找到工作)	● 領取金額為平均投保薪資的 70%。 ● 可領取 9 個月。	● 每月： 40,000x0.7= 28,000
2.	失業給付 (2 個月)+ 提早就業獎助津貼	● 領取金額為平均投保薪資的 70%。 ● **領取 2 個月失業給付後，就找到工作。**	● 已領取 2 個月失業給付： 40,000x0.7x2= 56,000 ● 提早就業獎助津貼：一次領取 40,000 x 0.7 x 4 x 0.5= 56,000
3.	職業訓練生活津貼 (參與訓練)	● 領取金額為平均投保薪資的 70%。 ● 可領取 6 個月。	● 每月： 40,000x0.7= 28,000

小叮嚀：
1. 就業保險的失業給付，是以平均投保薪資計算，金額與勞保投保薪資相同。金額並非實際月薪，投保薪資與實際薪資有差距喔。
2. 住家附近有那些公立就業服務機構：可到勞動部網站或 eJob 全國就業 e 網查詢。
3. 育嬰留職停薪津貼：
(1) 領取資格：子女滿 3 歲前、保險年資 1 年以上而且父母未同時請領育嬰留職停薪津貼。
(2) 給付標準：依照被保險人育嬰留職停薪之當月起前 6 個月平均月投保薪資 60% 計算。

三、國民年金保險給付請領個案

案例：小莉 53 歲以後在家專心操持家務與教養子女；最近收到國民年金保險繳費單，請問她要繳費嗎？未來國民年金保險有那些給付可以領取？

2019 年國民年金保險的投保金額都是 18,282 元，而且每位民眾負擔的保險費金額都相同。其實，對於一般民眾，政府會協助負擔 40%的國民年金保險保費，民眾只需要自行負擔 60%保費，因此投保國民年金保險還蠻划算的。

國民年金保險除了提供老年年金給付外，還有生育、重度以上身心障礙、喪葬給付與遺屬年金等給付；然而老年年金、身心障礙年金與遺屬年金只能擇一領取。另外領取老年年金或身心障礙年金後身故，符合資格的遺屬，可領取遺屬年金，領取金額是原來領取的老年年金或身心障礙年金的一半。2019 年遺屬年金的每月領取金額最低為 3,628 元。

以小莉為例，小莉曾投保勞保、也投保國民年金保險，假設國保年資為 12 年，在國民年金保險加保期間可能領取以下項目的保險保障：

項目	領取標準	領取金額
1. 老年年金給付* (65 歲領取，已領勞保年金)	● A 式：月投保金額 x (0.65%) x 年資+3,628 ● B 式：月投保金額 x (1.3%)x 年資	每月可領取 2,246 元 18,282 x 1.3% x12=2,852 (已領取勞保老年年金，因此不可選擇 A 式)
2. 生育給付	2 個月	36,564 元 (勞保與國保擇一領取)
3. 身心障礙年金	● 月投保金額 x (1.3%)x 年資 ● 最低領取金額為 4,872 元	每月可領取 4,872 元** (勞保與國保擇一領取)
4. 遺屬年金	● 月投保金額 x (1.3%)x 年資 ● 最低領取金額為 3,628 元 ● 假設遺有符合資格的配偶與子女，共 3 人。	每月可領取 5,442 元 3,628 x 1.5 =5,442
5. 喪葬給付	5 個月	91,410 元(一次)

*老年年金、身心障礙年金與遺屬年金只能擇一領取。

**勞保失能年金與國保身心障礙年金合計金額低於 4,872 元，可領 4,872 元。

　　勞工保險老年給付與國民年金保險老年年金給付可以同時領取，但只能選擇依照國民年金保險年資計算金額，不能領取保證最低 3,628 元的月退休金。最後提醒一下，國民年金保險的保費繳納與申請給付的承辦單位，與勞工保險相同，都是勞工保險局喔！

小叮嚀：
1. 2019 年國民年金保險的投保金額皆是 18,282 元，並沒有依照薪資高低，區分多個投保金額等級。
2. 未按時繳費，未來申請國民年金保險給付時，需要先補繳過去欠繳保費並支付延遲利息後，才能領取保險給付。
3. 身心障礙年金需符合重度以上障礙，例如：雙眼失明、植物人、洗腎、重度以上精神障礙與中風造成肢體障礙等情況。
4. 若對於勞工保險局核定之勞工保險或就業保險給付金額存有異議，可以填具「勞工(就業)保險爭議事項審議申請書」提起爭議審議。

第七節 勞保申領表格範例

勞工保險失能診斷書

辦理勞保失能給付應注意事項

1. 醫療院所於開具勞工保險失能診斷書後，請攀給被保險人「勞工保險失能診斷書及失能給付申請書」，並將失能診斷書折疊裝訂，於5日內以掛號郵寄勞保局，所需郵費由勞保局支付。

2. 本失能診斷書依各失能類須檢附病歷、檢查報告、X光片、照片等，始得審定失能程度者，請被保險人逕向醫療院所治取後，連同「勞工保險失能診斷書逕寄勞工保險局證明書」、「失能給付申請書及給付收據」交由投保單位蓋章後寄送勞保局，將可減少本局調取病歷等補件手程及時程，早日領取失能給付或得知審查結果。

3. 申請眼、耳、咀嚼吞嚥及言語機能、胸腹部臟器（機能失能）、脊柱、皮膚或上、下肢機能失能給付，依法應由地區教學醫院以上、行政院衛生署新制醫院評鑑及新制教學醫院評鑑合格之全民健康保險特約醫院出具。但澎湖縣、金門縣、連江縣之被保險人不在此限。

4. 請醫師依病人病情或病歷及醫療相關資料，據實填載開具失能診斷書，勿礙情而為不實、誇大虛偽之證明；至於診斷書所載內容是否符合失能給付標準附表，則由勞保局依相關法令規定認定。

5. 本表所載之失能部位及症狀，應以治療後，症狀固定，再行治療仍不能期待其治療效果而診斷為實際永久失能當時之症狀開具。

6. 以詐欺或其他不正當行為領取保險給付者，除須追還溢領之給付外，並按其領取給付處以2倍罰鍰，涉及刑責者，將移送司法機關辦理。

 勞工保險局　處處關心您

國民年金	遺屬年金給付申請書及給付收據		

| 受理編號 | — — — 號 | 105 年 7 月 25 日申請 | | | | | (填表前請詳閱背面說明) |

被保險人	姓名	李大同	出生日期	民國 50 年 11 月 4 日								
	死亡日期	民國105 年 3 月 8 日	身分證統一編號	Z	1	6	7	8	9	6	7	8	9

符合請領規定之當序受領遺屬年金人數	共___3___人 (遺屬資料請續填第二頁)	申請金額	_____元(如無法核算,可不填寫)

※ 受益人應檢附國內金融機構存簿影本,所附金融機構或郵局之存簿封面影本應可清晰辨識,以免無法入帳。

☑ 1.給付金額平均匯入各受益人在下列金融機構或郵局之帳戶。(如不敷填寫請依次列格式另紙書寫)

受益人姓名	匯入郵局存簿帳戶	匯入金融機構存簿帳戶
林麗麗	局號:□□□□□□-□　帳號:□□□□□□□-□	總代號:□□□　分支代號:□□□□　帳號:□□□□□□□
李小明	局號:□□□□□□-□　帳號:□□□□□□□-□	總代號:□□□　分支代號:□□□□　帳號:□□□□□□□
李晚義	局號:□□□□□□-□　帳號:□□□□□□□-□	總代號:□□□　分支代號:□□□□　帳號:□□□□□□□
	局號:□□□□□□-□　帳號:□□□□□□□-□	總代號:□□□　分支代號:□□□□　帳號:□□□□□□□

□ 2.經協議後,各受益人同意由_____君代表領年金給付,並匯入其以下帳戶。
(代表請領人由郵局存簿帳戶之受益人)

① □ 匯入代表申請人在金融機構 (B) 存簿帳戶:_____銀行 (庫局)_____分行 (支庫局)

總代號	分支代號	帳號	金融機構存款帳號(分行別、科目、編號、檢查號碼)
□□□	□□□□		

② □ 匯入代表申請人在郵局(H)存簿帳戶:局號:□□□□□□-□　帳號:□□□□□□□-□

※受益人如因債務問題,年金入帳可能遭扣押或執行,除填寫本申請書外,請另以書面向本局申請開立年金專戶之證明文件,專供存入給付之用。

匯入帳戶方式(家請擇一勾選)

----------受益人存簿封面影本黏貼處----------

----------如須分別匯入各自帳戶,請依序黏貼存簿封面影本----------
(本欄位不敷使用時,可黏貼於背面說明之上)

※ 請詳實填寫上述各項,如有疑義,請電洽勞動部勞工保險局國民年金給付二科,電話 (02) 23961266 轉分機 6022 詢問。
※ 郵寄地址:10056 臺北市中正區廣南路 2 段 42 號「勞動部勞工保險局國民年金組」收。

106.07.BF

勞工保險 傷病給付 申請書及給付收據

受理編號： - -21-	填表日期104 年 12 月 3 日	（填表前請詳閱背面說明）

被保險人	姓名	歐陽大雄	出生日期	民國 71 年 10 月 30 日	身分證統一編號	F 1 2 3 4 5 6 7 8 9

郵遞區號：□□□
通訊地址：台北市中正區羅斯福路一段 號14樓
電　話：(01) 2345-6789
行動電話：0901234567

保險事故

病類別：☑1 職業傷害 □2 職業病 □3 普通傷害 □4 普通疾病（傷）　　傷病發生日期：104 年 8 月 3 日

申請因傷病全日不能工作期間及日數（至遲工作日/工作期間，請勿提出申請以免喪法）　申請金額：　元

自 104 年 8 月 3 日 至 104 年 月 日 □連續 □新續計 日（如無法核算可不填寫）

被保險人因傷病全日不能工作期間取得薪資(或報酬)情形

- □1.未取得任何薪資或報酬
- ☑2.全日不能工作期間取得部分薪資或報酬
- □3.已取得原有薪資或報酬（如請下列假別者請勾填）□特休假 □排休 □彈性假 □輪休假 □加班補假
- □4.已依勞動基準法第 59 條取得職災補償

傷病類別勾填職業傷害或職業病者請詳填下列欄位（如不敷填寫可另紙書寫並簽章）

1.傷害類型：□執行職務 □上下班事故 ☑公出事故 □其他＿＿＿＿＿
2.實際工作內容：　操作機台作業員
3.受傷時間及地點：　104年8月3日上午 11 點左右在基隆路1段
4.受傷原因及經過：騎機車被撞經救護車送醫治療　　　　　　老闆派我去送模具給客戶　與工作之關係為何
5.如為公出請再填明到何地從事何工作　本公司出發至中和大倉公司送模具途中車禍

※填上下班或公出途中發生事故者請另填具「上下班（公出）發生事故而致傷害證明書」及檢附被保險人駕照影本。
※職業工會請被保險人發生傷害者請附證明書。

給付方式（請勾選一項）

＿＿＿＿＿　請將申請人之存摺封面影本浮貼於此處　＿＿＿＿＿
※一、金融機構（不含郵局）及分支機構名稱請完整填寫，存摺之總代號及帳號，請分別由左至右填寫完整，位數不足者，不須補寫。
　二、郵政存簿儲金局號及帳號（均含檢查號）須足七位者，請查詢逕填寫。
　三、所檢附金融機構或郵局之存摺封面影本應可清晰辨識，帳戶姓名亦須與本人加保資料相符，以免無法入帳。

☑1.匯入申請人在金融機構之存簿帳戶：金融機構名稱　土地　銀行　台北　分行

總代號	005	帳號	金融機構存款帳號(分行別、科目、編號、檢查號碼)
			8 8 8 8 8 8 8 8 8 8 8 8 8 8

□2.匯入申請人在郵局之存簿帳戶　局號：　　　帳號：

以上各欄位均據實填寫，為審核給付所需要，同意貴局可逕向衛生福利部中央健康保險署或其他有關機關團體調閱相關資料。若有溢領之保險給付，亦同意貴局可逕自本人得領取之保險給付中扣減。

被保險人（或受益人）簽名或蓋章：　**歐陽大雄**　（本人正楷親簽）

投保單位證明欄

上列各項經查明屬實，特此證明。

勞工保險證號：01235678　　單位名稱：亞飛股份有限公司
負責人：蘇亞飛　（蘇亞飛印）　經辦人：黃新一（新黃印）
電話：(02) 1234-5678
地址：82059台北市內湖區東湖路 500 號

（公司印章：亞飛股份有限公司）

※申請手續續洽投保單位辦理，免費又方便。惟得由本人代辦，各項欄位請詳實填寫，如有疑義請電洽本局(電話：02-23961266轉分機2236)。※郵寄或送件地址：10013臺北市中正區羅斯福路1段4號「勞動部勞工保險局」收。
105.6

勞工保險被保險人因執行職務而致傷病審查準則

內政部 70 年 1 月 31 日臺內社字第 0860 號令發布
行政院勞工委員會 80 年 6 月 5 日臺勞保 2 字第 13764 號令修正發布施行
行政院勞工委員會 86 年 2 月 27 日(台 86 勞保 3 字第 007439 號令修正發布施行
行政院勞工委員會 92 年 6 月 18 日勞保 3 字第 0920030756 號令修正發布施行
行政院勞工委員會 98 年 6 月 15 日勞保 3 字第 0980140320 號令修正發布施行
行政院勞工委員會 98 年 11 月 6 日勞保 3 字第 0980140541 號令修正發布施行
行政院勞工委員會 100 年 8 月 9 日勞保 3 字第 1000140279 號令修正發布施行
勞動部 105 年 3 月 21 日勞動保 3 字第 1050140140 號令修正發布施行

第一條　　　　本準則依勞工保險條例（以下簡稱本條例）第三十四條第二項規定訂定之。

第二條　　　　被保險人因執行職務而致傷病之審查，除法令另有規定外，依本準則辦理。

第三條　　　　被保險人因執行職務而致傷害者，為職業傷害。
　　　　　　　　被保險人於勞工保險職業病種類表規定適用職業範圍從事工作，而罹患表列疾病，為職業病。

第四條　　　　被保險人上、下班，於適當時間，從日常居、住處所往返於就業場所，或因從事二份以上工作而往返於就業場所間之應經途中發生事故而致之傷害，視為職業傷害。
　　　　　　　　被保險人為在學學生或建教合作班學生，於上、下班適當時間直接往返學校與就業場所之應經途中發生事故而致之傷害，亦同。

第五條　　　　被保險人於作業前後，發生下列事故而致之傷害，視為職業傷害：
　　　一、　於作業開始前，在等候中，因就業場所設施或管理之缺陷所發生之事故。
　　　二、　因作業之準備行為及收拾行為所發生之事故。
　　　三、　於作業終了後，經雇主核准利用就業場所設施，因設施之缺陷所發生之事故。
　　　四、　因勞務管理上之必要，或在雇主之指揮監督下，從飯廳或集合地點赴工作場所途中或自工作現場返回事務所途中，為接受及返還作業器具，或受領工資等例行事務時，發生之事故。

第六條　　　　被保險人於作業時間中斷或休息中，因就業場所設施或管理之缺陷發生事故而致之傷害，視為職業傷害。

第八節 精選考題與考題解析

● 一般企業雇主與勞工(被保險人)投保勞工保險(普通
事故)之負擔保費比例何者正確?
(1)被保險人負擔比例為 50%。
(2)被保險人負擔比例為 60%。
(3)政府負擔比例為 10%。
(4)雇主負擔比例為 60%。

解答:【3】

● 一般企業雇主與勞工(被保險人)投保職業災害保險
之保費負擔比例何者正確?
(1)被保險人負擔比例為 0%。
(2)被保險人負擔比例為 60%。
(3)政府負擔比例為 10%。
(4)雇主負擔比例為 90%。

解答:【1】

● 勞工保險普通事故保險的傷病給付，從住院不能工作之第幾日起發給？
(1)第 1 日
(2)第 3 日
(3)第 4 日
(4)第 11 日

解答：【3】

● 關於一般被保險人投保國民年金保險之保費負擔比例與政府負擔比例，何者正確？
(1)被保險人負擔比例為 50%。
(2)被保險人負擔比例為 60%。
(3)政府負擔比例為 10%。
(4)雇主負擔比例為 60%。

解答：【2】

● 有關國民年金保險之敘述，下列敘述何者錯誤？
(1)該保險制度之主管機關為內政部，委託勞工保險局辦理
(2)60 歲可領取國民年金
(3)保險費由政府負擔四成，民眾負擔六成
(4)保險事故包含生育、老年、身心障礙及死亡等

解答：【1】【2】

● 2019 年勞工保險遺屬年金給付，最低領取金額為多
  少元？
  (1)3,000
  (2)3,628
  (3)4,000
  (4)4,872

  解答：【1】

● 2019 年國民年金保險身心障礙年金給付，最低領取
  金額為多少元？
  (1)3,000　(2)3,628　(3)4,000　(4)4,872
  解答：【4】

● 勞工因為職災事故持續前往診所施以門診、門診手
  術及住院治療，請問勞保職災傷病給付可否領取？
  (1)都可以　(2)都不可以　(3)只有住院才可以
  (4)視個案而定
  解答：【1】

(參考 CFP 考題編撰、金融研訓院理財規劃人員模擬考題
歷屆考題或作者自編)

第四章 職業災害與雇主責任要點與個案

- 沒有幫勞工投保勞保可以嗎？
- 上下班途中發生意外事故，算職災嗎？
- 上下班闖紅燈發生車禍，可以列為職災事故嗎？
- 我有職業性下背痛，可以請領那些給付？
- 我有職業性重聽，可以請領那些給付？
- 我的勞工受傷或身故，我要負擔那些責任？
- 沒有參加勞保，發生職災可以請領那些給付？
- 除了職災保險給付，還有那些津貼或給付可以申請？

第一節 職業災害統計與法規要點

一、雇主職災責任與職業災害補償相關法規

關於雇主職災責任與補償，涉及許多法規，分項列述如下：

1. 勞保條例或職業災害保險法：針對<u>勞工</u>保險制度的保費、行政、監理、領取給付資格、普通傷病給付與職業傷病保險給付之相關規範。

2. 職業災害勞工保護法(職保法)：針對發生職業災害勞工，訂定職業病與身體障害生活津貼、職業訓練津貼、遺屬補助、看護補助與器具補助。此外，針對職業病認定與遭遇職災勞工之權益也訂定相關規範。

3. 職業安全衛生法(職安法)- 2013 年 7 月修訂原先的勞工安全衛生法，並更名為職業安全衛生法。職業安全衛生法針對所有產業全部納入職業安全衛生規範，並訂立危險產業管理、定期安全衛生檢查、加強勞工健康、預防災害、危安通報與罰則等各項規範。

4. 勞動基準法(勞基法)：針對適用勞基法的產業，規範勞工的工資、工作時數、休假、退休金、加班費、勞動契約、雇主責任、工作規則等各項勞工權益的基本(最低)標準。

5. 其他法規：民法、刑法、工廠法、食品安全法等民刑事責任或行政懲罰或通報要求。

二、職業災害統計概況

根據勞動部統計資料，勞保被保險人請領職業傷害給付之案件數最多，2017 年高達約 5 萬件，近 94%比例為申請傷病給付，其中尤其以上下班交通事故、被夾/被捲/跌倒或被刺/割/擦傷、墜落、滾落為主要事故。相形之下，申請職業病之件數明顯極少，僅約 600 件。

表 4-1 2017 年勞保職業傷病給付類別統計

項目	職業傷病	職業傷害	職業病
件數	**51,015**	50,385	630
主要項目：傷病給付	**93.9%**	94.1%	73.7%
主要事故	**1.上下班交通事故 (36%)** **2.被夾/被捲/跌倒** **3.被刺/割/擦傷、墜落、滾落**	1.手臂頸肩疾病 (47%) 2.職業性下背痛 3.塵肺病/腦心血管疾病	

第二節　職業災害之定義與認定

一、職業災害之定義

　　勞基法條文並未對於職業災害有明確定義，但職業安全衛生法對於職業災害訂有明確定義，因此勞基法之職業災害比照職業安全衛生法之定義認定。職業安全衛生法第二條，對於職業災害之定義如下：
因勞動場所之建築物、機械、設備、原料、材料、化學品、氣體、蒸氣、粉塵等或作業活動及其他職業上原因引起之工作者疾病、傷害、失能或死亡。

從條文文字可知，職業災害之發生原因需與執行職務攸關，而且由於職業災害導致勞工產生身體上之損害，諸如疾病、傷害、失能或死亡等職業傷病。

二、符合勞基法或職安法之職業災害要件

職業災害之認定，需要同時符合業務起因性與業務執行性。業務起因性與保險學之主力近因原則概念相同；是指職業災害與執行職務或工作需有顯著因果關係，例如：擔任祕書工作，通常與發生墜樓意外或職業性下背痛，並無顯著因果關係；另外因為天然災害發生而造成勞工受傷，通常也與執行職務無因果關係。

業務執行性指工作者或員工確實受雇主或主管支配管理下執行各項職務或業務。因此如果職業災害的發生當時，員工確實受雇主或主管支配管理，而非假日期間、非工作期間或非私人活動期間所發生之職業傷病事故，就符合業務執行性之要求。例如：勞工自行修繕住家房屋、私自外出旅遊或訪友，由於並非公司指派之職務，因此不符合職災。

三、勞保或職業災害保險之職業傷病情況

1.符合職業傷害之情況

　　依據職業災害保險的行政釋令規範[19]，下列事項視為職業傷害，勞工可申請職業災害保險理賠。

(1)工人確因上班下班車禍受傷。

(2)查勞工上下班時間於必經途中發生事故，如無私人行為及違反重大交通法令者，屬職業災害。但勞工經由工廠大門旁自動提款機提款後摔倒受傷，也屬於職業傷害。

(3)勞工在上下班必經途中，順道送其配偶上班或子女上學發生事故，如果沒有其他私人行為及非因故意或重大過失違反交通法令者，屬於職業傷害。

(4)被保險人如果居住在公司宿舍，並以宿舍為日常居住處所，因星期例假或國定假日下班後直接回家，或假日結束後重返公司上班，於必經途中發生事故，也屬於職業傷害。

(5)從事二份以上工作而往返於就業場所間之應經途中發生事故而致之傷害，視為職業傷害。

(6)被保險人在執行業務或作業期間中途休息，因就業場所設施或管理之缺陷發生事故而致之傷害，視為職業傷害。

---

[19]依據與修訂自勞工保險被保險人因執行職務而致傷病審查準則、勞工保險職業病種類表與勞保局相關函釋。

(7)被保險人在執行業務或作業期間，在上廁所或飲水時發生事故而受傷，也視為職業傷害。

(8)被保險人為在學學生或建教合作班學生，於上、下班適當時間直接往返學校與就業場所之應經途中發生事故而致之傷害。

(9)被保險人於作業時間準備中、中斷、收拾中或休息中，因就業場所設施或管理之缺陷發生事故而致之傷害。

(10)被保險人因職業傷害或罹患職業病，經雇主同意直接往返醫療院所診療或下班後直接前往診療後返回日常居住處所應經途中發生事故而致之傷害。

(11)被保險人因執行職務受動物或植物傷害；例如：動物咬傷或植物刺傷割傷等。

(12)被保險人經雇主或主管指派參加進修訓練、技能檢定、技能競賽、慶典活動、體育活動或其他活動期間，所發生之意外傷害事故。

2.若有下列任何情事，不得視為職業傷害，因此勞工就無法獲得職業傷害補償或職業傷害保險給付：

(1)未領有駕駛車種之駕駛執照駕車。

(2)受吊扣期間或吊銷駕駛執照處分駕車。

(3)經有燈光號誌管制之交岔路口違規闖紅燈[20]。

(4)闖越鐵路平交道。

---

[20] 紅燈右左轉通常被比照闖紅燈，而不得視為職業傷害，請留意。

(5)酒精濃度超過規定標準、吸食毒品、迷幻藥或管制藥品駕駛車輛。

(6)駕駛車輛違規行駛高速公路路肩。

(7)駕駛車輛不按遵行之方向行駛或在道路上競駛、競技、蛇行或以其他危險方式駕駛車輛。

(8)駕駛車輛不依規定駛入來車道。

3.勞保或職業災害保險之職業疾病情況

　　職業病之認定同樣需符合業務起因性與業務執行性，也就是勞工罹患職業病，需與工作內容存在顯著因果關係而且職業病是因為執行職務所導致。因此職業病之確認，需要確認勞工工作之性質、內容、產業、工作期間長短、作業環境、是否存在有害物質與罹患職業病統計等層面。同時，由於涉及疾病，因此需要醫師協助判定，許多醫院皆設有職業醫學科(部/室)，可以協助職業疾病之治療與認定。

　　勞動部訂有職業病種類表可供參酌。若有認定疑義，可以求助醫院的職業醫學科室醫師與職業災害保險理賠承辦窗口，或向勞動部、直轄市或縣(市)職業疾病認定委員會申請認定。摘列審查準則中提及之職業病項目如下：

(1)被保險人因執行職務而罹患職業病種類表規定之職業病種類或有害物質所致之疾病，屬於職業病。

(2)被保險人因執行職務受動物、植物傷害或病毒感染，屬於職業傷害。例如：寄生蟲感染、AIDS、肝炎、SARS、MERS、肺結核等。

(3)被保險人罹患之疾病，經勞動部、直轄市或縣(市)職業疾病認定委員會鑑定為執行職務所致者，屬於職業病。

(4)被保險人疾病之促發或惡化與作業有相當因果關係者，屬於職業病。

(5)被保險人罹患精神疾病，而該項疾病與執行職務有相當因果關係者，屬於職業病。

實用小叮嚀：

勞工發生職業傷病，可能符合勞保或職業災害保險的職業傷病規範認定，但卻不符合勞基法或職安法的職業災害定義，此時被保險人只能獲得勞保或職災保險之相關給付，但無法獲得雇主依據勞基法或其他法規之額外職災補償。例如：勞工在上、下班通勤中發生之交通事故，屬於勞保或職業災害保險的職業傷害或意外，但由於通勤過程非執行職務中、也非雇主或主管管理支配下，因此通常不視為職業災害。[21]

---

[21] 貨運司機、搬貨人員、搬家公司或郵差在送貨過程或搬運過程中發生交通事故，則可視為職業災害。

第三節 職業災害給付或津貼請領要點

一、職業災害保險給付概要

已投保職業災害保險的企業，依據職業災害保險給付標準可領取的各項給付與標準，請參閱第三章介紹，不再贅述。

二、未投保勞保或職業災害保險的失能與身故保障

針對未投保勞保或職業災害保險的勞工，萬一發生職業災害時，如何獲得身故與失能保障呢？如果雇主未依勞動基準法規定予以補償時，勞工得比照職業災害保險的身故與殘廢給付標準，按最低投保薪資(2019 年為 23,100)申請津貼或補助。勞工可以申領的項目與給付標準如下：

1.遺屬一次給付：保險期間內身故，可依照勞保最低投保薪資領取 40 個月的遺屬一次給付。

2.喪葬給付：依照最低投保薪資領取 5 個月的喪葬給付。

3.因職業傷害或職業病請領殘廢失能一次給付：

(1)1~10 級失能或殘廢：依勞保普通事故保險之最低投保薪資以及失能等級與標準乘上 150%，支付失能一次給付。

(2)第 11~15 級失能或殘廢：無

小分享：

未投保勞保或職業災害保險的勞工發生身故與失能事故，而且未獲得雇主補償，假設最低投保薪資 23,100 元：

給付/事故	身故	第 7 級失能
職災給付	● 遺屬一次給付：924,000 元 ● 喪葬給付：115,500 元	● 傷病給付：無 ● 失能給付：508,200

*第 7 級失能=440x1.5x(23,100/30)

三、職業災害勞工保護法的津貼請領要點

除了勞保或職業災害保險給付外，勞工還可以額外依照職業災害勞工保護法請領相關津貼或補助[22]。職災勞工請領職業災害勞工保護法的各項津貼及補助，承辦機關為勞動部職業安全衛生署(職安署)[23]。2019 年職業災害勞工保護法的給付標準摘要列舉如下：

1.職業疾病生活津貼與職業傷害(身體障害)生活津貼

勞工發生職業病時，無論符合勞保失能給付標準的哪一等級(1~15 等級)，都可申領職業疾病生活津貼。但如果勞工發生職業傷害時(並非職業疾病)，這時候只有發生較嚴重的殘廢失能、達到第 1~7 級殘廢程度，

---

[22]各項津貼給付金額由主管機關定期公布調整。按月發給之生活津貼及補助金額，在消費者物價指數累計成長率達正負百分之五時，會依照該成長率調整。

[23]職業災害勞工保護法採推定過失責任基礎。

才能申領職業傷害生活津貼，需要特別留意。另外，有參加勞保的勞工符合職災事故，領取生活津貼合計最高可領取 60 個月。但若是未參加勞保的勞工符合職災事故，領取生活津貼合計最高可領取 36 個月。分項列述如下：

(1)因**職業病或職業傷害**導致失能程度相當於勞工保險失能給付標準第 1 等級至第 3 等級且喪失全部工作能力者：每月發給 8,200 元。

(2)因**職業病或職業傷害**導致失能程度相當於勞工保險失能給付標準第 2 等級至第 7 等級，或合併升等後相當於第 1 等級，且喪失部分工作能力者，每月發給 5,850 元。

(3)因**職業病**導致失能程度相當於勞工保險失能給付標準第 8 等級至第 10 等級且喪失部分工作能力者，每月發給 2,950 元。

(4)因**職業病**導致失能程度相當於勞工保險失能給付標準相當於勞工保險失能給付標準第 11 等級至第 15 等級且喪失部分工作能力者，每月發給 1,800 元。

2.職業訓練生活津貼

職災勞工若未請領職業病或職業傷害生活津貼，可在受訓期間改請領職業訓練生活津貼。

(1)職災勞工於受訓期間，每月可請領 14,050 元。

(2)職業訓練生活津貼自申請人初次參加訓練之日起 5 年內提出申請，最多只能請領 24 個月。

3.器具補助

　　依照輔助器具類別、補助金額、使用年限及補助對象，補助金額各有不同，需要參考「職業災害勞工器具補助標準表」。原則上每年補助金額最高為 6 萬元，最多 4 項輔具，例如：輪椅、拐杖、無障礙設施等。

4.看護補助

　　符合勞工保險第1~2級失能標準且無法從事工作時，每月另發給 11,700 元。依照勞工保險失能給付標準，第 1~2 級失能之嚴重程度頗高，例如雙眼失明屬於第 2 級失能標準，因此符合看護補助之失能情況需要嚴重失能且治療一段期間後症狀已穩定、症狀無法改善等條件。另外，有參加勞保的勞工符合職災嚴重失能事故，領取看護補助合計最高可領取 60 個月。但若是未參加勞保的勞工符合職災嚴重失能事故，領取看護補助合計最高可領取 36 個月。

5.家屬補助

　　因職業災害身故時，一次給付家屬補助 100,000 元。

個案小分享：

假設勞工因職災導致第 7 級失能：

給付或津貼/ 勞工身分	有投保勞保或職災 保險之勞工	未投保勞保或職災 保險之勞工
職業傷害生活津貼/職業訓練生活津貼/器具補助	● 殘廢(身體障害)生活津貼：每月 5,850 元，<u>合計最高給付 60 個月</u> ● 於受訓期間，每月改領取 14,050 元(最高 24 個月) ● 輪椅等器具補助：每年最多 4 項，限額 6 萬元。	● 殘廢(身體障害)生活津貼：每月 5,850 元，<u>合計最高給付 36 個月</u> ● 於受訓期間，每月改領取 14,050 元(最高 24 個月) ● 輪椅等器具補助：每年最多 4 項，限額 6 萬元。

小叮嚀：職業災害勞工保護法的津貼財源

● 參加職業災害保險的勞工：所需經費由<u>職業災害保險收支結餘中提撥</u>。

● 未參加職業災害保險的勞工：所需經費由<u>政府編列預算支應</u>。

第四節 勞基法與職安法的雇主補償責任要點

　　勞工發生職業傷病，可能符合勞保或職業災害保險的職業傷病規範認定，但卻不符合勞基法或職安法的職業災害定義，此時被保險人只能獲得勞保或職災保險之相關給付，但無法獲得雇主依據勞基法或其他法規之額外職災補償。例如：勞工在上、下班通勤中發生之交通事故，屬於勞保或職業災害保險的職業傷害或意外，但由於通勤過程大多並非執行職務中、也非雇主或主管管理支配下，因此通常不視為職業災害。

　　針對適用勞動基準法的企業或組織，勞工遭遇職業傷害或職業病時，雇主至少需要比照勞基法的補償標準提供勞工各項補償。整體上，就 2019 年勞動基準法來看，除了公營機構、軍公教人員、醫院與家事服務業以外，其他產業勞工須適用勞基法。[24]依照勞動基準法規定，雇主之職業災害補償責任，包含醫療補償、工資補償、工資終結補償、殘廢補償、喪葬費與遺屬補償等項目。其次，雇主之職業災害補償責任之計算，依據勞基法按照前六個月的平均工資或原領工資[25]計算。

---

[24]實務上職工是否適用勞基法，仍須視員工與企業所簽訂之契約性質而定，例如：簽訂僱傭契約員工，擁有勞基法之各項薪酬與福利；但簽訂承攬契約員工，通常無法擁有勞基法之各項薪酬與福利。以下人員也不適用勞基法：事業單位之雇主、委任經理人、技術生、養成工、見習生、建教合作班學生。

[25]指遭遇職業災害前一日之正常工資。

一、勞基法對於工資之定義

雇主之職業災害補償責任之計算，依據勞基法按照事故發生前六個月的平均工資計算。其中工資之定義為經常性工資，包含工資、薪金、獎金、津貼及任何名義之<u>經常性給與</u>。依據勞基法施行細則通常以下項目不屬於經常性工資：

1. 紅利。
2. 獎金：指年終獎金、競賽獎金、研究發明獎金、特殊功績獎金、久任獎金、節約燃料物料獎金及其他非經常性獎金。
3. 春節、端午節、中秋節給與之節金。
4. 醫療補助費、勞工及其子女教育補助費。
5. 勞工直接受自顧客之服務費。
6. 婚喪喜慶由雇主致送之賀禮、慰問金或奠儀等。
7. 職業災害補償費。
8. 勞工保險及雇主以勞工為被保險人加入商業保險支付之保險費。
9. 差旅費、差旅津貼及交際費。
10. 工作服、作業用品及其代金。
11. 其他經中央主管機關會同中央目的事業主管機關指定者。

> 小叮嚀：
>
> ● 實務上，如果勞工薪資低於 45,800 元，勞工保險之投保薪資、職業災害保險之投保薪資、全民健康保險的投保薪資與勞工退休金的提撥薪資應該相同；勞保局與健保署將會進行稽查。
>
> ● 勞基法所訂的雇主責任是依照經常性工資計算，經常性工資可能高於投保薪資，因此雇主仍然需要負擔差額部分的補償責任。

二、勞基法之各項補償責任要點

依照勞動基準法，雇主對於勞工遭受職業傷病，不論雇主有無過失，雇主皆需提供醫療補償、工資補償、工資終結補償、殘廢補償、喪葬費與遺屬補償等。補償金額計算基礎依照前六個月的平均工資或原領工資計算。補償的項目與內容摘列如下：

1. 醫療費用補償：勞工受傷或罹患職業病時，雇主應補償其必需之醫療費用；必要之醫療費用包含掛號費、急診費、看護費用、病房費差額、加護病房費、交通費、證明文件費與其他必要醫療費用等額外支出項目。

2. 工資補償：勞工因為職業傷病就醫，在治療期間無法工作時，雇主應依照原領工資金額給予補償。因此勞工在治療期間，雖無法執行職務，仍然可以獲得原領工資。

3. 工資終結補償：勞工因為職業傷病，治療期間已經屆滿二年仍然尚未痊癒也無法繼續工作，經過指定之醫院診斷，確定為喪失原有工作能力，而且不符合殘廢補償之請領標準時，雇主可以一次給付 40 個月之原領工資後，免除未來的工資補償責任；而且雇主給付 40 個月之原領工資後，勞工已不能再領殘廢補償或退休金補償。

4. 殘廢補償：勞工經治療一段期間後，經指定之醫院診斷，符合身體遺存殘廢時，雇主應依照平均工資及失能殘廢嚴重程度，一次給予殘廢補償。殘廢失能嚴重程度與補償標準，依勞工保險與職業災害保險的失能等級與標準表提供補償(45 日~1800 日)。

5. 遺屬補償與喪葬費用補償：勞工遭遇職業傷病而身故時，雇主應該依照平均工資，給予勞工遺屬 40 個月的遺屬補償；並且額外再補償勞工遺屬 5 個月的喪葬費用；總計共補償 45 個月的身故補償。

三、勞基法之雇主補償責任之扣抵

　　針對同一事故，勞工已經依據勞保職災或職業災害保險法請領相關給付，而且該保險的保費是由雇主或公司負擔時，雇主的勞基法補償責任可以扣除勞保職災或職業災害保險法的給付金額。另外，公司支付保費的員工團體保險，保險費完全由雇主或公司負擔，因此團體保險給付也可以全額扣除，但是若補償金額仍有不足，雇主仍應另針對缺口部分提供補償。[26]

> **小叮嚀：**
>
> 　　參照勞基法規定，勞基法職業災害各項補償金之請求權，自「得受領之日起」，因 2 年間不行使而消滅。

四、 職業安全衛生法之雇主責任規範要點

　　立法院在 2013 年 7 月三讀通過修訂勞工安全衛生法，並更名為職業安全衛生法，2014 年 7 月勞動部公佈施行細則等規範並正式實施職業安全衛生法。職業安全衛生法針對所有產業全部納入職業安全衛生規範，並訂立危險產業管理、定期安全衛生檢查、加強勞工健康、預防

---

[26]然而如果保險費同時由公司或雇主與勞工共同分攤，可否扣除？如何扣除？這時候雇主補償責任仍然可以扣除，但只能依照雇主負擔之比例乘上保險給付金額扣抵雇主補償責任。另外，如果團體保險給付對象與勞基法雇主補償的給付對象並非完全相同時，只能扣抵給付對象相同的部分，給付對象不相同則不能扣抵，例如：勞基法補償對象為配偶子女，但團體保險給付給祖父母或兄弟姊妹，那就不能扣抵。

災害、危安通報與罰則等各項規範。職業安全衛生法之重要規範摘列如下：

1. 擴大適用對象至所有工作者與各行各業：職業安全衛生法全面適用所有產業與所有工作者，因此工作者包含雇主、自營作業者、志工、派遣勞工、職訓學員與一般勞工。另外考量實務上全面適用所有產業可能窒礙難行，因此特殊對象可以部分適用職業安全衛生法。

2. 增訂勞工健康保護制度並保護勞工個人健檢資料：雇主應負擔預防職災責任、防止動物、植物或微生物引起之危害、雇主負有促進勞工身心健康之義務、並應落實健檢通報與健康保護制度。另外，雇主應該定期實施作業環境測訂及落實測定結果揭示與通報制度。

3. 雇主應妥為規劃及採取必要之安全衛生措施：

(1) 重複性作業等促發肌肉骨骼疾病之預防。

(2) 輪班、夜間工作、長時間工作等異常工作負荷促發疾病之預防。

(3) 執行職務因他人行為遭受身體或精神不法侵害之預防。

(4) 避難、急救、休息或其他為保護勞工身心健康之事項。

4. 兼顧女性就業權及母性保護並強化少年勞工保護：修訂懷孕者與產後女性禁止從事危險或有害工作範圍並強化少年勞工保護。

5. 明訂雇主賠償責任與通報：若有勞工因職業傷病送醫，雇主應該限期通報。其次，承攬人的勞工發生職業災害，原事業單位應該負擔連帶賠償責任。

6.其他：機械、設備及化學品源頭管理機制、石化業等高
　危安產業之定期製程安全評估監督機制、增列勞工立
　即危險作業得退避規定；另明訂罰鍰、民刑事賠償與
　行政處罰。

停看聽：

職災補償 8 部曲：假設勞工因勞基法職災意外而受傷就醫。

1. 以職災身分就醫，可免除全民健保之所有部分負擔。

2. 分批請領職災傷病給付，包含住院或門診治療期間皆可納入計算。

3. 分批請領公司的團體職災保險與團體醫療保險相關給付。

4. 經治療一段期間後，症狀穩定無法改善則可申請失能給付或失能年金。

5. 依據職災保護法請領殘廢生活津貼等各項津貼。

6. 分批請領公司的團體職災保險、團體醫療保險與團體意外保險等相關給付。

7. 若累積領取金額低於勞基法補償金額，勞工再向公司人資部門申請補償。補償金額=勞基法補償標準-勞保或職災保險給付-公司付費團險之各項給付。

8. 公司或雇主明顯有重大過失，勞工可於限期內提出民事告訴或刑事附帶民事告訴，向公司或雇主請求賠償。

小分享：

　　勞工小莉因為發生職災造成殘廢，不幸成為植物人，符合第一級 1200 天規定，小莉的平均工資為 6 萬(不含非經常性工資：年終獎金、差旅費)，勞保投保薪資為 4.39 萬，請問勞基法與職災保險的失能殘廢給付或失能補償金額各為多少？

● 職災保險給付=43,900/30×1200×1.5=263.4 萬

● 勞基法補償責任=60,000/30×1200×1.5=360 萬

● 差　　距：約 96.6 萬，差距部分可透過商業團體職業災害保險彌補責任缺口。

第五節 職業災害請領個案與請領表格範例

一、職業災害請領實務個案

> 案例:小輝由於長期搬挪重物與施工,導致椎間盤突出經常腰椎疼痛,短期沒有辦法繼續工作,必須就醫治療。

就小輝來說,假設平均工資為 65,000 元,勞保或職業災害保險平均投保薪資為 43,900 元,他依序應該留意那些給付或補償呢?摘要表列如下:

項目別	給付金額概算
1.勞保或職業災害保險傷病給付	● 假設醫療期間 6 個月 ● 申請傷病給付:第 4 天起,<u>每月</u>可請領 70%的投保薪資(30,723 元) ● 以職災身分就醫,可以不用自己負擔 5%或 10%的健保部分負擔
2.勞保或職業災害保險(殘廢)失能給付	● 依照殘廢失能等級給付 ● 假設符合第 12 級,適用給付標準為 150 天,一次失能給付金 219,450 元
3.職業疾病生活津貼(職業災害勞工保護法)	● 職業疾病生活津貼:每月補助金額為 1,800 元 ● 未投保勞工保險仍可享有本項

項目別	給付金額概算
	職災保障
4.勞基法 (公司通常以團體職業災害保險與其他團體保險補償)	● 假設醫療期間 6 個月 ● 公司必須依照平均薪資補償員工，而非以勞保投保薪資補償員工 ● 公司補償金額，可先扣除勞保職災保險給付 ● 必要醫療費用補償金額：掛號費、病房費差額與部分負擔等費用 ● 醫療期間工資缺口：<u>每月</u>約 34,277 元 ● 職災失能一次補償缺口：105,600 元

二、職業災害請領實務個案

案例:小輝在工廠工作時墜落受傷,可以申請那些職業傷病津貼。

事故一: 勞工平均投保薪資為 30,000 元,勞工發生職災造成任一腳趾功能喪失**(第 15 級)**,前後門診或住院治療共 10 天

給付或津貼/勞工身分	已投保勞保或職災保險		未投保勞保或職災保險	
勞保或職災保險給付	●	傷病給付:4,900 元	●	傷病給付:無
	●	失能給付:45,000 元	●	失能給付:無
職業災害勞工保護法津貼	不符規定		不符規定	

事故二: 勞工平均投保薪資為 30,000 元,勞工發生職災造成一下肢顯著運動失能**(第 7 級)**,前後門診或住院治療共 30 天

給付或津貼/勞工身分	已投保勞保或職災保險	未投保勞保或職災保險
勞保或職災保險給付	<ul><li>傷病給付：18,900 元</li><li>失能給付：660,000 元</li></ul>	<ul><li>傷病給付：無</li><li>失能給付：508,200</li></ul>
職業災害勞工保護法津貼	<ul><li>殘廢生活津貼：每月 5,850 元，<u>合計最高給付 60 個月</u></li><li>於受訓期間，每月改領取 14,050 元(最高 24 個月)</li><li>輪椅等器具補助：每年最多 4 項，限額 6 萬元</li></ul>	<ul><li>殘廢生活津貼：每月 5,850 元，<u>合計最高給付 36 個月</u></li><li>於受訓期間，每月改領取 14,050 元(最高 24 個月)</li><li>輪椅等器具補助：每年最多 4 項，限額 6 萬元</li></ul>

三、立刻加強職業災害預防與管理！

案例：過年前由於工廠趕著年前交貨，讓小李忙碌不已，工作時不小心滑倒，造成右腳遭到機械割傷意外，緊急送醫治療中。請問小李任職的工廠如果沒有投保勞保，可以有那些職災給付呢？

每年春節前後，反而有許多企業因為春節前後趕工加班，勞資未確實落實預防職業災害，因而造成許多意外事件，實在令人心痛！依據勞動部職業災害統計數據，「被夾、被捲」、「被刺、割、擦傷」、「跌倒」、「墜落、滾落」為主要的職災事故類型，其餘職業災害類型比重較低。就產業別分析，高危險的職災行業前三名為製造業、營造業與批發零售業。

為加強職業災害管理，職業安全衛生法與施行細則已在 2014 年正式實施，將所有工作者與各行各業納入職業安全衛生規範，並須訂定危險產業管理、定期安全衛生檢查、加強勞工健康、預防災害、危安通報與罰則等各項規範。

另外政府也訂立了職業災害勞工保護法，針對未投保勞工保險的勞工，萬一發生職業災害造成身故與勞保 1~10 級的殘廢失能且雇主又未依照勞動基準法給予補償時，勞工可以向勞保局申領身故或失能給付，給付標準按最低投保薪資(23,100 元)計算，領取月數或天數比照勞工保險職業傷病給付標準。

　　若發生較嚴重的職災，除了勞工保險職災給付外，勞工可以依照職業災害勞工保護法領取相關津貼，例如：職業病或意外殘廢生活津貼、職業訓練生活津貼、器具補助、看護補助或遺屬補助等；因此不管是否有參加勞工保險，只要符合資格都可以領取這些津貼。

　　所以如果屬於身故與較嚴重的殘廢失能職災，仍可申領勞保身故或殘廢失能給付以及職業災害勞工保護法的殘廢失能生活津貼、訓練津貼、看護津貼、器具補助或遺屬津貼等項目；民眾可向勞保局承辦窗口電話詢問。

　　最後，建議雇主務必依法為勞工投保勞工保險，而且勞工人數 5 人以下的企業，也可以主動成立投保單位，讓勞資雙方都擁有保障，也讓勞資雙方一起做好更完善的職業災害預防與管理吧！

小叮嚀：

● 勞工發生職業災害時，雇主依照勞基法需要負擔醫療補償、工資補償、工資終結補償、殘廢補償或遺屬補償等補償責任。

● 職業安全衛生法與施行細則已在 2014 年正式實施，將所有工作者與各行各業納入職業安全衛生規範，各行各業務必加強落實職業安全衛生。

● 未投保勞保的勞工，若發生身故或較嚴重的殘廢失能職災，仍可申領身故、殘廢失能、看護、訓練津貼或器具補助。

四、勞保職業傷病給付申請停看聽

> 案例：珊珊結婚後離開工作崗位，擔任 SOHO 族並兼顧家庭；同時為了享有勞保保障，她透過職業工會加保勞工保險。64 歲時珊珊因公出意外事故而身故。請問此時家屬可申請那些勞保職業傷病死亡或遺屬給付呢？

　　首先，提醒民眾留意，所有的勞工保險給付的基礎都以平均投保薪資計算；因此投保勞工保險不是投保最低工資就好，而是要依照實際薪資水準投保，而且調薪時也要連帶調高投保薪資，這樣未來才能領取較高的各項保險給付。

　　另外，雖然依規定透過職業工會投保，需依照最低投保薪資 23,100 元投保，但依規定每年在 15%以內，仍然可以逐年調高投保薪資金額，以增高自身的投保薪資金額。

　　就珊珊的個案來說，家屬可以申請遺屬年金或遺屬一次給付。假設珊珊平均投保薪資為 30,000 元，她的先生子女平均投保薪資為 45,800，摘要列表說明珊珊與家人可能選擇領取的勞保給付項目如後：

項目	申領給付技巧 或注意事項	領取金額
遺屬年金 (累計年 資 30 年)	● 投保薪資與年資愈高,年金金額愈高。 ● 外加一次給付 30 萬(10x3 萬)	● 月投保薪資 x (1.55%)x 年資 ● 30,000x(1.55%)x30 = 13,950 ● 外加一次給付 30 萬
遺屬一次 給付 (累計年 資 30 年)	● 投保薪資愈高,給付金額愈高。 ● 年資短,選擇一次給付較有利。	● 月投保薪資 x 45 ● 45x3 萬=135 萬
眷屬喪葬 津貼	● 由子女申請喪葬津貼	● 投保薪資 x 3 個月 =137,400

*遺屬年金與遺屬一次給付擇優選擇一項領取。

　　最後,提醒民眾,勞保給付有其限制,務必留意。首先,同一種保險給付,不得因為同一事故而重複請領給付;因此遇到事故時,家人可能需要算一算,到底由誰申領給付比較划算,例如本人喪葬津貼與家屬喪葬津貼不得重複請領,可能由配偶申請比較划算。還有,被保險人或其受益人符合失能年金、老年年金或遺屬年金條件時,只能擇一請領年金,不能同時請領自己的老年年金還有配偶的遺屬年金;因此選擇請領年金時,也要精打細算一番喔!

小叮嚀:

● 為避免申請給付時勞保局認定投保不實而拒賠,民眾若透過職業工會投保,應該挑選與從事的職業或職務相關的職業工會。

● 同一種保險給付,不得因同一事故而重複請領給付。

● 記得要在期限內,提出勞保保險給付申請,別忽略自己的勞保權益!

五、別忘了申辦勞保失能年金與遺屬年金給付！

案例：小莉因為個人旅遊交通意外而身故，請問勞工保險給付可以提供她的遺屬未來基本生活津貼嗎？小莉因為公出意外車禍而全身癱瘓，請問她的家人可以請領那些勞工保險給付？

投保勞工保險後，被保險人當生育、傷病、職災、殘廢失能、身故與老年等事故，都可以領取現金給付。生育、傷病、喪葬與部分殘廢或失能，採取一次給付。身故、老年與終身永久殘廢失能則請領年金給付，另外如果被保險人在 2008 年 7 月之前就已經參加勞工保險，那麼除了請領遺屬、老年或失能年金外，也可以擇優選擇勞保舊制的一次給付。

就小莉案例來說，假設她最近 5 年的投保薪資都是 30,300 元，身故時年資達 18 年。她先生年齡 45 歲、工作正常且薪水穩定合理，此時她的子女符合遺屬年金第一順位的領取資格，可申領遺屬年金。遺屬年金給付金額為：平均投保薪資 x 年資 x 替代率(1.55%)。如果未成年子女超過 1 人，每人還可以再增加 25%的年金給付金額。其次，由於小莉在 2008 年 7 月以前就投保勞工保險，因此也可以選擇舊制的遺屬津貼一次給付，一次給付金額則是 30 個月的投保薪資。列表說明如下：

	項目	保障摘要	金額
選擇一	遺屬年金	每月可領取遺屬年金：30,300 x 1.55% x 18	8,454 元(每月)
	遺屬年金眷屬加計後	假設遺留 2 位未成年子女，增給 25%	10,568 元(每月)
選擇二	遺屬津貼一次給付	● 30 個月的投保薪資 ● 30,300 x 30	909,000
建議	假設子女年幼(≦ 10 歲)：建議領取遺屬年金，因為遺屬年金可領取到子女全部成年(20 歲)。		

*無論選擇遺屬年金或遺屬津貼一次給付，都可額外領取喪葬津貼，給付標準為 5 個月的投保薪資 15.15 萬。

　　另就第二個個案小莉來說，小莉因公出意外車禍而全身癱瘓，而且經過治療後症狀無法改善，經醫師診斷為終身無工作能力。首先，小莉的家屬可以填寫勞保傷病給付並附上診斷證明書，在 1 年內住院可獲得 70%的投保薪資給付。然後，小莉的家屬需要填寫勞保失能保險給付申請書並附上相關證明文件，即可為小莉申請失能年金給付。其中失能年金給付金額為平均投保薪資 x 年資 x 替代率(1.55%)；如果配偶或子女符合資格要求，還可以再增加年金給付金額。

另外，如果未來小莉身故，他的配偶、子女或其他遺族，同樣可以申請遺屬年金給付，遺屬年金給付金額為原來領取的失能年金金額的一半。如果勞工小莉最近5年的勞保投保薪資都是30,300，工作年資已經30年，逐一列舉各項勞保給付如下：

項目	保障摘要	金額
傷病給付 (治療1年)	第4天起，可申請傷病給付，每天金額為：70% x 平均投保薪資 ÷30	1年共申請258,055元 (可每半個月申請1次)
失能年金 +職災失能1次給付	● 每月可領取失能年金：30,300 x 1.55% x 30 ● 職災失能1次給付	(1)14,090元(每月) (2)20x30,300 =60.6萬
失能年金眷屬加計後	假設配偶年滿45歲且收入低、子女已成年，失能年金增給25%	17,613元 (每月)
身故遺屬年金	● 若未來身故，配偶可改領取遺屬年金。 ● 年金給付金額為	7,045元 (每月)

項目	保障摘要	金額
	原來領取的失能年金金額的一半。	

*除選擇失能年金外，家屬也可以申請一次殘廢失能給付，金額約 181.8 萬。

　　最後提醒民眾，勞工保險給付需要被保險人主動申請，勞保局才會支付給被保險人或家屬，如果忽略自身權益而未主動申請，超過時效就沒辦法獲得勞保保險給付。其次，同一被保險人或受益人，只可以申請遺屬年金、失能年金或老年年金三種年金給付中的其中一種。還有，如果被保險人在 2008 年 7 月之前就已參加勞保，除了年金給付外，也可以擇優選擇一次給付，民眾可要審慎評估後再抉擇喔！

貼心小叮嚀：

1. 勞工保險給付需要被保險人主動申請，勞保局才會支付給被保險人或其家屬。

2. 勞工如果因為上下班途中發生車禍或職業傷病而傷病或身故，可申領的保險給付金額與範圍較廣且較高，民眾可別忽略自身的職災權益。

六、社會新鮮人就業，別忘了保險保障

> 案例：小惠今年大學畢業，多番面試應徵後，找到了二個工作，都是在民營企業擔任行政工作。A公司不提供勞工保險、健保與勞工退休金提撥，B公司則提供勞工保險、健保與勞工退休金提撥，但薪水略低。究竟該選擇哪一個工作比較好？

　　員工數五人以上的民營企業，依規定需要幫員工同時投保勞工保險、全民健康保險、就業保險與提撥勞工退休金，然而員工數較少的企業，就沒有為員工投保這些保險了。勞工保險、就業保險、勞工退休金與全民健保都是社會新鮮人就業前，一定要瞭解的社會保險，不了解這些保險，如何挑選工作並保障自身權益呢？

　　勞工保險除了擁有老年年金給付外，還有生育、傷病、殘廢失能、身故與職業災害等各項給付。其中職災給付主要針對員工因職業傷害、職業病或上下班途中意外事故，額外給付傷病、殘廢失能與身故等給付，透過職災給付能夠讓勞工享有更完整的保障。另外就業保險提供失業給付與育嬰留職停薪等保障。全民健康保險則提供各項醫療服務，而且是強制投保的社會保險。

　　退休金方面，除了勞工保險的老年年金外，勞工退休金個人帳戶是勞工的另一筆退休金，每個月由公司為員工提撥月薪的6%到員工的個人帳戶，等到退休時就可以領取年金給付或一次給付。

最後，小惠該選擇哪一家公司呢？社會新鮮人選擇第一份工作非常重要，需要考量公司制度、公司財務業務是否穩健與未來發展等方面。就薪資福利來說，雖然 B 公司月薪略低於 A 公司 3,000 元左右，但 B 公司每月須為小惠，繳納保險費與提撥退休金，小惠才能享有勞工保險、就業保險、勞工退休金與全民健保等多元保障與福利。相較之下 B 公司每月額外負擔的保險費或提撥成本其實高於 3 千元喔，可別忽略了這些保障或福利的成本喔，所以單從薪資福利考量，建議小惠選擇 B 公司。

貼心小叮嚀：

1. 年資愈久、提撥愈久或薪資愈高，退休時可領取的勞工保險與勞工退休金老年給付也愈多。

2. 工作職涯中，難免遭遇因資遣而失業或有育嬰留職停薪等需求，就業保險保障很實用喔！

3. 勞工退休金提撥，除了企業每月為員工提撥6%外，員工也可以自行提撥 6%，而且員工自行提撥金額免納入當年度所得喔。

七、就醫後別忘了申請勞保給付

> 勞工小蔡中午在公司午休後上廁所不慎滑倒受傷住院，
> 小蔡除了可向壽險公司申請醫療保險理賠外，還可以申
> 請那些勞保給付？另外，小蔡半年前因為切除腫瘤住院，
> 可不可以申請勞保給付？小蔡預計年底即將升格為爸爸，
> 而且喜獲雙胞胎，他可以申領生育給付嗎？有那些事項
> 需要注意的呢？

　　勞工住院就醫除了可向壽險公司申請醫療保險理賠
以外，可別忘了勞保的傷病給付。勞保傷病給付可以區
分為普通事故(非職業傷病)與職業傷病事故二種。勞工因
為普通事故就醫，依照「住院天數」給付日額津貼；「門
診治療期間」不能納入計算。另外，計算住院天數時，
需要扣除前3天，從第4天開始計算；而且只能針對住
院天數給付50%投保薪資，最多給付一年。

　　職業傷病事故包含勞工因為上下班途中車禍、在職
場或公出發生意外事故或罹患職業病等各種情形。職業
傷病給付依照「治療期間」給付日額津貼，包含門診治
療期間與住院期間都能納入給付。

　　第一年可領取70%投保薪資，第2年可領取50%投
保薪資。另外，計算治療期間時，同樣需要扣除前3天，
從第4天開始計算。勞工朋友需要特別留意，勞工要申

請職業傷病給付的要件需要同時符合以下三項：不能工作、未能取得原有薪資與必須實際接受治療。沒有同時符合三要件，就不能申請傷病給付。另外勞工因為職災就醫治療時，請記得申請職業傷病門診單或職業傷病住院申請書，就可以免除全民健保的部分負擔。

除了傷病給付外，勞工生小孩同樣可以申請勞保生育給付。2014 年 5 月底勞工保險條例修法通過，生育給付可領取 2 個月的投保薪資；雙胞胎可領取 4 個月的投保薪資。生育給付只能由母親提出申請，依照母親的投保薪資給付。假設小蔡投保薪資 40,000 元，住院 10 天，出院後 30 天內例行每週前往醫院接受門診治療，小蔡可以申領的傷病給付與蔡夫人可申領的生育給付，摘列如下表：

情況別	給付摘要	預估領取金額
普通事故就醫	● 只能針對住院天數給付 50% 投保薪資。 ● 前 3 天不計。	● 平均每日投保薪資 x 50% x 住院天數(扣除 3 天) ● 可領取 4,669 元 (40,000/30x50%x7)
職業傷病就醫	● 門診治療期間與住院治療期間都能給付。 ● 首年給付 70% 投保薪資。 ● 前 3 天不計。	● 平均每日投保薪資 x 70% x 治療天數(扣除 3 天) ● 可領取 34,521 元 (40,000/30x70%x37)
生育給付	● 單胞胎:2 個月。 ● 雙胞胎:4 個月。 ● 由母親提出申請。	● 假設蔡夫人的平均投保薪資為 30,000 元 ● 雙胞胎:平均月投保薪資 x 4 ● 可領取 120,000 元

● 如果有發生殘廢失能情況,經治療後症狀穩定後可另外申請勞保失能給付。

所以,小蔡中午在公司午休後上廁所不慎滑倒受傷住院,符合勞保職業傷害規範,小蔡得以職業傷害身分就醫並申領傷病給付。小蔡因為切除腫瘤住院，屬於普通事故，也可以申領住院津貼。最後，小蔡升格為爸爸，小蔡本人無法申領勞保生育給付，但蔡夫人可以申領生育給付。

小叮嚀：

● 被保險人在請領傷病給付期間，得免繳保險費。

● 申領傷病給付或生育給付，建議儘早申請，依法超過 5 年未提出申請，勞保局可拒絕給付。

● 依據全民健保法，因職業傷病就醫或以重大傷病等身分就醫，可以免除健保部分負擔。

八、相關申請表單與規範

行政院勞工委員會
勞工保險局　職業災害勞工　身體障害生活津貼　申請書暨補助收據
職業疾病生活津貼
看護補助

（填寫前請詳閱背面說明）　　　申請日期：100 年 1 月 20 日

受理號碼			
1 申請人簽章	張大同　張大同印	2 出生日期	民國　52　03　31
		3 身分證號	B 1 0 0 9 0 0 4 1 2
4 監護人簽章		5 出生日期	民國　　年　　月　　日
		6 身分證號	

7 聯絡方式　現住址：1 0 6　電話：02-8590****　行動電話：0910-222333
台北市大安區信義路一段 38 巷 23 弄 45 號

8 申請類別

☑ 職業疾病生活津貼
（符合勞工保險失能種類、神經...）

□ 身體障害生活津貼
（符合勞工保險失能種類...）
（申請上開生活津貼不得...選項）
＊應備書件：勞工保險失能診斷書。

□ 看護補助（請務必勾選下列聲明）
（補助符合...指定種類失能種類、神經...
失能種類...及皮膚失能種類第一...
失能標準之規定。）

□ 依其他法...定請領看護補助
＊應備書件：勞工保險失能診斷書。

9 職災事故簡述－請具體說明發生事故與執行職務之因果關係（發生...事故者，請檢附緊急機關...97 5 1...給付退除後，...醫師診斷慢性鉛中「道路交通事故證明書」...由毒...從事責工作...關本局印製之上開申請表並公出...生事故而致傷害證明）

10 傷害日期　　　　　　11 審定失能日期　　　3 年 4 月 2 日

12 帳戶類別

－－－－－－浮貼申請人在金融機構存簿封面影本處－－－－－－
※塡入申請人在郵局或金融機構之帳戶（下列（1）或（2）任選一種）

（1）金融機構存簿（B）金融機構名稱：台北富邦　銀行（庫局）　大安　分行（支庫局）

總代號			分支代號			金融機構存款帳號（分行別·科目·編號·檢查號碼）
						0 1 2 3 4 5 6 7 8 9 0 1 2 3

（2）郵政存簿儲金（H）局號　　　　－□　帳號　　　　　　－□

13 本人同意　貴局可因審核補助需要逕向健保局或其他有關機關團體調閱相關資料。
申請人簽章（如有監護人請一併簽章）：張大同印

14 職災事故當時無參加勞保者，請務必加填雇主資料【職災事故當時有參加勞保者，以下資料無須填寫】

受僱單位名稱：＿＿＿＿＿＿＿＿＿＿＿＿＿＿＿（請填寫全銜）
地址：＿＿＿＿＿＿＿＿＿＿　電話：＿＿＿＿＿＿
雇主（負責人）姓名：＿＿＿＿＿　身分證號：＿＿＿＿＿
住址：＿＿＿＿＿＿＿＿＿　電話：＿＿＿＿＿＿

※申請職業災害勞工保護法各項津貼或補助，無須透過投保單位申請，亦無須委由他人代辦。如有疑義，請電洽本局 02-23961266 轉 3279。
9910

勞工保險 職業災害自墊醫療費用 核退申請書及給付收據

受理號碼：	填表日期：104 年 1 月 5 日	（填表前請詳閱背面說明）

被保險人
姓名：歐陽大雄　出生日期：民國 71 年 10 月 30 日　身分證統一編號：A123456789
郵遞區號：100-13　通訊地址：台北市中正區羅斯福路一段 4 號 14 樓
電話：(02) 2396-1234　行動電話：0919123456

保險事故
職業災害類型：☑執行職務 □上下班事故 □公出事故 □職業病　傷病發生日期：103 年 8 月 4 日
1.實際工作內容：操作機台作業員
2.受傷時間及地點：103 年 8 月 4 日上午 11 時左右在基隆路 1 段
3.受傷原因及經過：騎機車被撞叫救護車送醫治療　與工作之關係為何：老闆派我送模具給客戶
4.如為公出請再填明至何地從事何工作致傷害：由公司出發至中和大倉公司送模具途中車禍
凡以上請據實填寫，如係上下班或公出途中請特生事故者請另填具本局印製之「勞工保險被保險人上下班、公出途中發生事故而致傷害證明書」及檢附被保險人駕照影本俟傷審核。

就醫情形

就醫院所名稱	診別	請填寫看診日期或住院起迄日	就醫次數
台大醫院	□急、門診☑住院	103.8.4~103.8.17	住院 1 次
台大醫院	☑急、門診□住院	103.8.17 起	急診加門診 其 10 次
正陽骨科診所	☑急、門診□住院	103.9.15 起	門診共 20 次

收據總金額：_____（如無法核算可不填寫）

自墊費用原因(或不可歸責事由)說明：發生事故當時不知可使用勞保職業傷病醫療書單就醫

應備文件
□1.勞工保險職業傷病住院申請書及勞工保險職業傷病門診單。
☑2.醫療費用收據正本及費用明細，收據如為影本者，請醫療機構加蓋印信註明與原正本相符。
☑3.診斷書或證明文件。
*於勞工保險條例施行區域外遭職業傷病就診，應出具當次出、入境證明文件影本及服務機關出具之證明，費用收據正本及診斷書，如為英、日文以外之外文文件，應檢附中文翻譯本。
*其他：公認驗證書(大陸地區住院天數逾5天者應檢附醫療費用收據正本須經公證、驗證)

……… 請將申請人之存簿封面影本浮貼於此處 ………

給付方式 請勾選一項
凡一、金融機構(不含郵局)及分支機構名稱請完整填寫，存簿之總代號及帳號，請分別由左至右填寫完整，位數不足者，不須補零。
二、郵政存簿儲金局號及帳號（均含檢號）不足七位者，請在左邊補零。
三、所檢附金融機構或郵局之存簿封面影本應可清晰辨識，帳戶姓名及須與本局加保資料相符，以免無法入帳。
☑1.匯入申請人在金融機構之存簿帳戶：金融機構名稱：土地 銀行 台北 分行
　總代號 005　帳號 003050003888888
□2.匯入申請人在郵局之存簿帳戶：局號 _____ 帳號 _____

以上各欄位均據實填寫，為審核給付需要，同意貴局可逕向衛生福利部中央健康保險署或其他有關機關團體調閱相關資料。若有溢領之保險給付，亦同意貴局可逕自本人得領取之保險給付中扣減。
被保險人（或受益人）簽名或蓋章：歐陽大雄　（本人正楷親簽）

投保單位證明欄
上列各項經查明屬實，特此證明。
勞工保險證號：01235678　單位名稱：亞飛股份有限公司
負責人：蘇亞飛　經辦人：黃新一
電話：(02) 2250-1234
地址：82059 台北市內湖區東湖路 500 號

※申請手續如有疑異請洽本局(電話：02-23961266 轉分機 2272)。
※郵寄或送件地址：10013 臺北市中正區羅斯福路 1 段 4 號「勞動部勞工保險局」收。

106.09

職災門診 　**勞工保險職業傷病門診單**　上聯 請醫事服務機構附於病歷備查
（填表前請詳閱背面說明）

勞工保險 保險證號	01235678	勞 工 保 險 單位名稱	亞飛股份有限公司								最近加保 生效日期	民國 102 年 1 月 1 日
被保險人 姓　名	歐陽大雄	身 分 證 統 一 編 號	A	1	2	3	4	5	6	7	8	9	出生日期	民國 71 年 10 月 30 日
通訊地址	台北市中正區羅斯福路一段 4 號 14 樓		電話	(02)2396-1234					傷病發生 日　期	民國 103 年 8 月 4 日

（請投保單位填寫此欄）／保險事故欄

1. 職業災害類型：□執行職務□上下班事故☑公出事故□職業病□其他_____
2. 實際工作內容：操作機台作業員
3. 受傷時間及地點：103 年 8 月 4 日上午 11 時左右在基隆路 1 段
4. 受傷原因及經過：騎機車被碰經救護車送醫治療　　，與工作之關係為何：老闆派我送程具給客戶
5. 如為公出請再填明至何地從事何工作致肇事故：由公司出發至中和大倉公司送程具途中車禍

（如被保險人為上下班、公出途中肇事，有「勞工保險被保險人因執行職務而致傷病審查準則」第 18 條情事之一者，不得視為職業傷害，請勿填發本單與其使用）

| 投保單位證明欄 | 上列各項經查明屬實特此證明。 負責人： 蘇亞飛 [印章：飛亞印] 經辦人： 黃新 [印章：一首] | 傷病名稱 醫事服務機構填寫欄 第一次使用日期戳章 |

[公印：亞飛股份有限公司]

填發日期　　　年　　月　　日

※1.被保險人第一次使用本門診單時，請醫事服務機構於門診單上、下聯填寫傷病名稱並加蓋就醫日期戳章。
　2.本門診單上聯由醫事服務機構附於病歷備查，下聯交還被保險人收執。
　3.爾後被保險人因同一傷病至同一醫事服務機構複診時（包括同一傷位之超次就診），憑繳驗門診單下聯，並請醫事服務機構於每次複診時，於下聯就醫紀錄蓋置上 1 格所屬日期戳章。
　4.本門診單限於同一醫事服務機構治療同一職業傷病，至多使用 6 次。

-------------------------請沿此虛線撕下-------------------------

職災門診 　**勞工保險職業傷病門診單**　下聯 請醫事服務機構於診療後交還被保險人

勞工保險 保險證號	01235678	勞工保險單位 名　稱	亞飛股份有限公司								最近加保 生效日期	民國 102 年 1 月 1 日
被保險人 姓　名	歐陽大雄	身分證 統一編號	A	1	2	3	4	5	6	7	8	9	出生日期	民國 71 年 10 月 30 日
通訊地址	台北市中正區羅斯福路一段 4 號 14 樓		電話	(02)2396-1234					傷病發生 日　期	民國 103 年 8 月 4 日

就　醫　紀　錄　欄　※請醫事服務機構填寫傷病名稱，並於每次診療時蓋一格所屬日期戳章。

傷病名稱	就醫日期戳章	1	2	3	4	5	6

※1.被保險人第一次使用本門診單時，請醫事服務機構於門診單上、下聯填寫傷病名稱並加蓋就醫日期戳章。
　2.被保險人因同一職業傷病每次複診時，應攜帶本門診單下聯複診。
　3.本門診單限於同一職業傷病至同一醫事服務機構治療，至多使用 6 次。
　4.治療結束或就醫紀錄欄之 6 格已滿載章或離職退保 1 年後，不得再繼續使用本單，請繳回投保單位留存至翌年底。

職災住院　勞工保險職業傷病住院申請書
（填表前請詳閱背面說明）

上聯　續醫事服務機構對於病歷調查

勞工保險 保險證號	01235678	勞工保險單位 名　稱	亞飛股份有限公司		最近加保 生效日期	民國 102 年 1 月 1 日
被保險人 姓　名	歐陽大雄	身　分　證 統一編號	A 1 2 3 4 5 6 7 8 9		出生日期	民國 71 年 10 月 30 日
通訊地址	台北市中正區羅斯福路一段 4 號 14 樓			電話 (02)2396-1234	傷病發生 日　期	民國 103 年 8 月 4 日

投保單位證明欄

1. 職業災害類型：□執行職務 □上下班事故 ☑公出事故 □職業病 □其他
2. 受傷時間及地點：103 年 8 月 4 日上午 11 時左右在基隆路 1 段，與工作之關係為何：老闆派我送模具給客戶
上列各項經查明屬實，特此證明。

（公份亞
有飛
司限股
單位章）

負責人：　蘇亞飛　　（飛蘇
印亞）

經辦人：　黃新一　　（一黃
印新）

填發日期：103 年 8 月 5 日

醫事服務機構填寫欄

醫事服務機構代號及名稱		傷病名稱	
被保險人病歷號碼		住院始期	民國　年　月　日

------請沿此虛線撕下------

職災住院　勞工保險職業傷病住院申請書

下聯　續醫事服務機構寄回勞保局

勞工保險 保險證號	01235678	勞 工 保 險 單 位 名 稱	亞飛股份有限公司		最近加保 生效日期	民國 102 年 1 月 1 日
被保險人 姓　名	歐陽大雄	身　分　證 統一編號	A 1 2 3 4 5 6 7 8 9		出生日期	民國 71 年 10 月 30 日
通訊地址	台北市中正區羅斯福路一段 4 號 14 樓			電話 (02)2396-1234	傷病發生 日　期	民國 103 年 8 月 4 日

續保險事故（投保單位填寫欄）

1. 職業災害類型：□執行職務 □上下班事故 ☑公出事故 □職業病 □其他
2. 實際工作內容：操作機台作業員
3. 受傷時間及地點：103 年 8 月 4 日上午 11 時左右在基隆路 1 段
4. 受傷原因及經過：駕駛公司機器設備車送到治療，與工作之關係為何：老闆派我送模具給客戶
5. 如為公出請再填明至何地從事何工作致事故：由公司出發至中和大倉公司可送模具途中車禍
（※如被保險人為上下班、公出途中事故，有「勞工保險被保險人因執行職務而致傷病審查準則」第 18 條情事之一者，不得視為職業傷害，請勿填發本單以供其使用）

上列各項經查明屬實，特此證明。

（公份亞
有飛
司限股
單位章）

負責人：　蘇亞飛　　（飛蘇
印亞）

經辦人：　黃新一　　（一黃
印新）

填發日期：　年　月　日

醫事服務機構證明欄

醫事服務機構代號及名稱		傷病名稱（主診斷）	
被保險人病歷號碼		傷病名稱（次診斷）	
住院始期	年　月　日	主要症候	

上列被保險人確經本院醫師親自診斷有住院診療之必要，並經核對其國民身分證或其他足以證明身分之證件
與上表所填各項相同，特此證明。

負責醫師：＿＿＿＿＿＿　□

主治醫師：＿＿＿＿＿＿　□

民國　年　月　日　填寄

（醫事服務機構印章）

※ 醫事服務機構應於收到本住院申請書後，於 3 日內將下聯正本寄送勞動部勞工保險局。（地址：臺北市羅斯福路
　1 段 4 號）

職業安全衛生法

中華民國 63 年 4 月 16 日總統(63)臺統(一)義字第 1604 號令公布
中華民國 80 年 5 月 17 日總統華總(一)義字第 2433 號令修正公布
中華民國 91 年 5 月 15 日總統華總一義字第 09100093800 號令修正公布第六條條文
中華民國 91 年 6 月 12 日總統華總一義字第 09100116850 號令公布增訂第三十六條之一條文；
　　　　　　修正第六條、第八條、第十條、第二十三條及第三十二條條文
中華民國 102 年 7 月 3 日總統華總一義字第 10200127211 號令修正公布名稱及全文 55 條；施
　　　　　　行日期，由行政院定之（原名稱：勞工安全衛生法）

第一章　總　則

第　一　條　為防止職業災害，保障工作者安全及健康，特制定本法；其他
　　　　　　法律有特別規定者，從其規定。

第　二　條　本法用詞，定義如下：

　　　　　　一、工作者：指勞工、自營作業者及其他受工作場所負責人指
　　　　　　　　揮或監督從事勞動之人員。

　　　　　　二、勞工：指受僱從事工作獲致工資者。

　　　　　　三、雇主：指事業主或事業之經營負責人。

　　　　　　四、事業單位：指本法適用範圍內僱用勞工從事工作之機構。

　　　　　　五、職業災害：指因勞動場所之建築物、機械、設備、原料、
　　　　　　　　材料、化學品、氣體、蒸氣、粉塵等或作業活動及其他職
　　　　　　　　業上原因引起之工作者疾病、傷害、失能或死亡。

第　三　條　本法所稱主管機關：在中央為行政院勞工委員會；在直轄市為
　　　　　　直轄市政府；在縣（市）為縣（市）政府。

　　　　　　本法有關衛生事項，中央主管機關應會商中央衛生主管機關辦
　　　　　　理。

第　四　條　本法適用於各業。但因事業規模、性質及風險等因素，中央主
　　　　　　管機關得指定公告其適用本法之部分規定。

第　五　條　雇主使勞工從事工作，應在合理可行範圍內，採取必要之預防
　　　　　　設備或措施，使勞工免於發生職業災害。

　　　　　　機械、設備、器具、原料、材料等物件之設計、製造或輸入者
　　　　　　及工程之設計或施工者，應於設計、製造、輸入或施工規劃階段實

勞工保險被保險人 上下班 公出 途中發生事故而致傷害證明書

		受理號碼	

(一)被保險人姓名	林小玲	(二)發生事故當日被保險人應工作起迄時間	自 8 時 30 分起 至 17 時 30 分止

(三)被保險人所用交通工具	☐普通重型機車 ☑輕型機車 ☐自小客車 ☐聯結車 ☐其他（ ） （勾其他者，請填明交通工具別）

(四)被保險人上、下班或公出單趟路程所需時間	需 0 小時 30 分鐘 發生保險事故時間 104 年 1 月 5 日 8 時 10 分

(六)發生保險事故時，有無右列情事，請確實於各□內勾劃證明，切勿空白（領有駕駛車種之執照駕車者，請附駕駛人駕照正、背面影本）	☑有 ☐無 領有駕駛車種之執照駕車	駕駛人駕照正、背面影本浮貼處
	☑有 ☐無 受吊扣期間或吊銷駕駛執照駕車	
	☑有 ☐無 經有燈光號誌管制之交岔路口闖越鐵路平交道	
	☑有 ☐無 闖越鐵路平交道	
	☐有 ☑無 酒精濃度超過規定標準駕車	
	☑有 ☐無 吸食毒品、迷幻藥或管制藥品駕駛車輛	
	☑有 ☐無 違規行駛高速公路路肩	
	☑有 ☐無 不按遵行之方向行駛	
	☑有 ☐無 在道路上競駛、競技、蛇行或以其他危險方式駕駛車輛	
	☑有 ☐無 不依規定駛入來車道	

(七)是否日常上、下班或公出時間應經途中發生事故	☑是 日常上下班 公 出 時間應經途中發生事故 ☐非 日常上下班 公 出 時間應經途中發生事故

(八)有無因處理私事而中斷或脫離應經之途徑	☐有處理私事而中斷或脫離應經之途徑（請於背面說明） ☑無處理私事而中斷或脫離應經之途徑

(九)有無經警察等有關機關處理	☑有，請填明機關全銜（如有相關證明請一併檢附）：新北市政府警察局新店分局

(十)屬上下班途中發生事故者，請於本證明書背面繪明包括日常居住處所、就業處所、上下班應經途徑及事故地點之關係。

☐有 ☑無	見證人	姓名	關係	地址	電話

以上各項均由本人依照事實填具，如有不實，願負民事、刑事責任，並歸還溢領之勞保給付，特此具結。
此致
勞動部勞工保險局

被保險人(或受益人)簽章： 林小玲 （本人正楷親簽）

中華民國104 年 2 月 12 日

投保單位印章：	負責人印章：	經辦人印章：

名　　稱：勞工保險被保險人因執行職務而致傷病審查準則
修正日期：民國 105 年 03 月 21 日
法規類別：行政 ＞ 勞動部 ＞ 勞動保險目

第 1 條
本準則依勞工保險條例 (以下簡稱本條例) 第三十四條第二項規定訂定之
。

第 2 條
被保險人因執行職務而致傷病之審查，除法令另有規定外，依本準則辦理
。

第 3 條
被保險人因執行職務而致傷害者，為職業傷害。
被保險人於勞工保險職業病種類表規定適用職業範圍從事工作，而罹患表
列疾病者，為職業病。

第 4 條
被保險人上、下班，於適當時間，從日常居、住處所往返就業場所，或因
從事二份以上工作而往返於就業場所間之應經途中發生事故而致之傷害，
視為職業傷害。
被保險人為在學學生或建教合作班學生，於上、下班適當時間直接往返學
校與就業場所之應經途中發生事故而致之傷害，亦同。

第 5 條
被保險人於作業前後，發生下列事故而致之傷害，視為職業傷害：
一、於作業開始前，在等候中，因就業場所設施或管理之缺陷所發生之事
　　故。
二、因作業之準備行為及收拾行為所發生之事故。
三、於作業終了後，經雇主核准利用就業場所設施，因設施之缺陷所發生
　　之事故。
四、因勞務管理上之必要，或在雇主之指揮監督下，從飯廳或集合地點赴
　　工作場所途中或自工作現場返回事務所途中，為接受及返還作業器具
　　，或受領工資等例行事務時，發生之事故。

第 6 條
被保險人於作業時間中斷或休息中，因就業場所設施或管理上之缺陷發生
事故而致之傷害，視為職業傷害。

第六節 精選考題與考題解析

1. 小莉平均投保薪資皆為 43,000，勞保年資為 30 年，因職業災害事故導致終身永久失能無工作能力，請問小莉可領取多少金額之失能給付？
   (1)19,995 元
   (2)16,770 元
   (3)每月 19,995 元加上一次給付 860,000 元。
   (4)每月 19,995 元加上一次給付 430,000 元。

   解答：(3)
   - 43,000 x 30 x 1.55% = 19,995
   - 另加二十個月的永久失能一次給付 860,000 元。

2. 小莉平均投保薪資皆為 43,000，勞保年資為 30 年，因職業災害身故，身故後遺有未成年子女共二人與低收入配偶，請問小莉的遺屬可領取多少金額之死亡給付？
   (1)29,993 元
   (2)19,995 元
   (3)每月 29,993 元加上一次給付 430,000 元。
   (4)每月 19,995 元加上一次給付 430,000 元。

   解答：(3)

3.小方發生職災後,依據職業災害保險法所享有之保障,下列敘述何者正確?

(1)雇主可在小方停止工作期間或醫療期間內,一次給付 40 個月之平均工資並終止契約

(2)小方因而死亡,雇主除給予 5 個月喪葬費外,並應一次給予遺屬 40 個月平均工資之死亡補償

(3)小方之公司僅有 3 人,雇主未為其投保勞工保險,小方若發生殘廢失能或身故,可依勞保最低投保薪資申領殘廢給付、死亡給付與喪葬費用。

(4)小方因職災而被要求強制退休,且當時年資有 13 年,則雇主應給付 26 個基數之退休金

解答:(2)(3)
● 雇主只能在二年期滿時終結工資補償
● 13x2x1.2=31.2 個基數

4.小萱 61 歲(47 年次),預計 65 歲時國保年資 7 年 5 個月,勞保年資 25 年,勞保平均投保薪資為 43,900,勞工退休金新制公提與自提基金餘額分別為170萬及100萬。假設利率為 2%,躉繳延壽年金保費 30 萬,距離平均餘命還有 20 年。
● 請問小萱年滿 65 歲退休,可以領取多少退休金?
● 假若小萱退休後期望每月擁有 8 萬元的退休收入,請問每月退休金缺口多少?所得替代率多少?

參考解答:

(1)國民年金:18,282x7.5x1.3%=1,782

(2)勞保年金:43,900x26x1.55%=17,692

$\qquad\qquad$ 17,692x1.16=20,523

(3)勞退年金:12,141 元

$\quad$ 合計 34,446 元

(4)退休金缺口:45,554

(5)所得替代率:43%

(6)未來還需要儲蓄約 900 萬元補足缺口。

5.請列述可作為老年退休安養或儲備退休金的相關商品包含那些?

● 年金保險:利率變動型年金、變額年金、即期年金

● 還本終身保險

● 目標到期債券基金

● 基金

● 以房養老

● ……………………………………………

(參考 CFP 考題編撰、金融研訓院理財規劃人員模擬考題歷屆考題或作者自編)

第五章 全民健保與長期照護保險要點與個案

- 為何我的利息收入與租金收入也要繳 1.91%健保費？
- 為何我的兼職收入不用繳 1.91%健保費？
- 我幫小孩繳納健保費，公司的健保費負擔金額會變重嗎？
- 健保不給付的項目包含那些？
- 遲繳健保費有什麼處罰？
- 什麼是診斷關聯群？
- 什麼是總額支付制度？
- 我應該投保那些商業醫療保險才可以彌補醫療費用缺口？

第一節 全民健保保費計算要點

一、全民健保一般保險費計算要點

健保費包含一般保險費與補充保險費二項來源。一般保險費之保費計算需要拆分成員工負擔與企業(投保單位)負擔二項。

1.員工自付保險費計算

員工自付保險費＝投保金額 x 保險費率 x 員工負擔比率
x (1＋眷屬人數)

(1)投保金額：2019 年為 23,100 元~182,000 元。[27]

(2)保險費率：2019 年為 4.69%。

(3)員工負擔比率：依照員工之投保身分而定，例如：有一定雇主之員工自行負擔比率為 30%，無一定雇主之員工或會員自行負擔比率為 60%。

(4)眷屬人數：超過 3 口以 3 口計算。因此加計被保險人本人及眷屬人數 3 人後共計 4 人。因此若民眾一家 5 口同時在同一投保單位內，這時候被保險人及眷屬人數雖有 5 人，但只計算 4 人的健保費。

(5)地區人口全民健保保費：例如已退休民眾或無一定雇主的民眾，可在當地區公所投保全民健保，每月自付保險費金額為 749 元(2019 年)。

2.企業(投保單位)負擔

企業(投保單位)負擔的保險費＝投保金額 x 保險費率 x

---

[27]15 萬以下的等級同勞工退休金的提撥薪資等級。

企業負擔比率 x (1+平均眷口數)

(1)投保金額：同員工的投保金額；金額為 23,100~182,000 元。

(2)保險費率：2019 年為 4.69%。

(3)負擔比率：依照員工之投保身分而定，例如：有一定雇主之一般民營企業員工，企業(投保單位)負擔比率為 60%[28]；若為公職人員或公務人員，政府(投保單位)負擔比率為 70%。

(4)平均眷口數：2019 年為 0.61 人。所以投保單位需要為每一位員工負擔的健保保費金額，不論實際眷口數量多寡，皆固定乘上(1+平均眷口數)；例如：1.61 人。

3.全民健保保費遲繳及滯納金計算

　　保險費如果超過寬限期滿還未繳納，自寬限期滿之翌日起至完成繳費的前一日止，每超過一天加徵滯納金，金額為應繳保險費金額的 1‰(千分之一)，滯納金總額最高為應納保費金額的 5%。

小分享：健保保費計算範例(依據 2019 年費率試算)

小莉在一般民營公司工作，月薪 5.3 萬，女兒小英為其健保的眷屬，請計算每月小莉應扣繳之一般健保保費？

1.小莉負擔：53,000 x 4.69% x 30% x (1+1)= 1,492 元

　　　　*四捨五入，每人保費 745.7 進位為 746。

---

[28]有一定雇主之員工，政府之保費負擔比率為 10%。

2.每月該公司應負擔之健保保費？

53,000 x 4.69% x 60% x (1+0.61)= 2,401 元

3.小莉在 2019 年 7 月 3 日繳納 2019 年 3 月份應繳之一家 2 口保險費 1,492 元，因 2019 年 3 月份保險費滯納金起算日為 2019 年 5 月 16 日、滯納日數為 48 日、滯納金為 72 元，計算如下：1,492× 0.1% × 48=72 元。

貼心小叮嚀：如何節省(一般)健保費

● 總人數加計本人後已達 4 人，這時候再加保父母或其他直系親屬，並不需要新增健保費用。

● 子女或父母應該透過薪資較低之直系親屬之眷屬身份投保，保費較划算。

● 如果父母年滿 65 歲且年收入低或所得稅申報稅率低於 5%~10%(各縣市規範不同)，此時可以獲得健保署的健保費補助，每月健保費補助最高 749 元。

● 每次預定出國 6 個月以上，可以填寫停保申請表辦理停保；停保期間健保保費不需繳納，但也無法獲得醫療給付或申請費用核退。

二、全民健保補充保險費計算要點[29]

除了一般保險費外，民眾擁有六項特定收入時，還必須由扣費義務人額外扣取補充保險費，補充保險費費率為特定收入的 1.91%。所以民眾如果有兼職薪

---

[29]參廖勇誠(2014, 2012)，和樂新聞/創價新聞

資所得，金額超過基本工資，就需要全額扣取 1.91%
的補充保險費。

　　民眾的全年領取獎金如果超過 4 個月，也要全額
扣取 1.91%的補充保險費。還有民眾當次若有額外的
執行業務收入、股利所得、利息所得與租金收入，而
且金額超過 2 萬元，就必須要全額扣取 1.91%的補充
保險費。列表說明如下：

項　目	摘要	扣收門檻
1. 全年累計超過投保金額 4 倍部分的獎金	年終獎金、季獎金、三節獎金、董監事紅利等	無
2. 兼職薪資所得	兼職人員的薪資所得	單次給付達基本工資：2019 年為 23,100 元
3. 執行業務收入	在其他單位賺取的執行業務收入	20,000 元/次
4. 股利所得	投資股票領到的現金股利與股票股利	20,000 元/次
5. 利息所得	台幣存款與外幣存款的利息、債券票券配息	20,000 元/次
6. 租金收入	個人出租不動產給公司或機構的租金收入	20,000 元/次

小叮嚀：如何節省全民健保補充保費

● 每次的租金收入、利息收入或股利所得，金額低於 20,000 元，就不需要額外扣收補充保險費。

● 如果個人將不動產出租給公司或機構等法人，才需要額外扣收補充保險費。如果出租給個人，就不需要額外扣收保費。

● 如果在股利分配基準日前賣出股票，就沒有股利收入，也不需要扣收補充保險費了。

● 對於六項特定收入以外的資產或收入，可以不需要扣收補充保費，建議多加留意，諸如：投保年金保險、投資海外基金或公司發放禮券等。

小分享：

癌症自 **1982** 年起已連續 **36** 年居台灣十大死因首位。

(資料來源：衛生福利部)

一、 十大死因

2017 年十大死因，依序如下：

(1) 癌症

(2) 心臟疾病

(3) 肺炎

(4) 腦血管疾病

(5) 糖尿病

(6) 事故傷害

(7) 慢性下呼吸道疾病

(8) 高血壓性疾病

(9) 腎炎與腎病

(10)慢性肝病及肝硬化

二、2017 年男性十大死因

(1) 癌症

(2) 心臟疾病

(3) 肺炎

(4) 腦血管疾病

(5) 糖尿病

(6) 事故傷害

(7) 慢性下呼吸道疾病

(8) 慢性肝病及硬化

(9) 高血壓性疾病

(10)腎炎、腎病症候群及病變

三、2017 年女性十大死因

(1) 癌症

(2) 心臟疾病

(3) 肺炎

(4) 糖尿病

(5) 腦血管疾病

(6) 高血壓性疾病

(7) 腎炎及腎病

(8) 事故傷害

(9) 慢性下呼吸道疾病

(10)敗血症

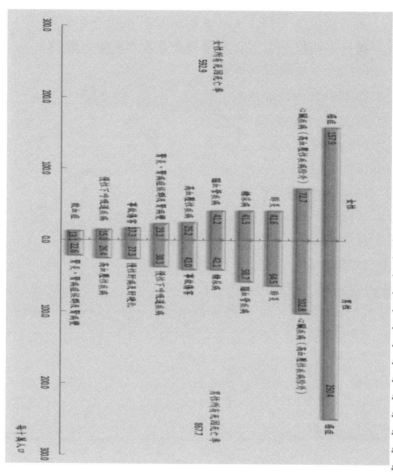

圖 5-1　男女性十大死因比較　(來源：衛生福利部網站)

四、2017 年台灣十大癌症死因順位(依死亡率排序)：

摘要：2017 年度，全台灣約有 5 萬人死於癌症！

(1)氣管、支氣管和肺癌

(2)肝和肝內膽管癌

(3)結腸、直腸和肛門癌

(4)女性乳癌

(5)口腔癌

(6)前列腺(攝護腺)癌

(7)胃癌

(8)胰臟癌

(9)食道癌

(10)子宮頸及子宮癌

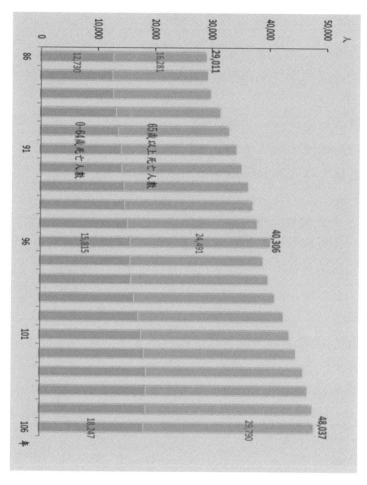

圖 5-2 歷年癌症死亡人數統計

資料來源：衛生福利部

第二節 全民健保制度要點[30]

一、全民健保的醫療服務項目

1. 醫療服務：門診、急診、住院、手術、治療處置與檢查等
2. 藥事服務
3. 預防保健服務
4. 其他：特定居家照護服務、精神疾病社區復健等

二、全民健保之除外不保項目

1. 依其他法令應由各級政府負擔費用之醫療服務項目。
2. 預防接種及其他由各級政府負擔費用之醫療服務項目。
3. 藥癮治療、美容外科手術、非外傷治療性齒列矯正、預防性手術、人工協助生殖技術、變性手術。
4. 成藥、醫師藥師藥劑生指示藥品。
5. 指定醫師、特別護士及護理師。
6. 血液(輸血)。但因緊急傷病經醫師診斷認為必要之輸血，不在此限。
7. 人體試驗。
8. 日間住院。但精神病照護，不在此限。
9. 管灌飲食以外之膳食、病房費差額。
10. 病人交通費、掛號費、證明文件費。

---

[30] 參謝淑慧、黃美玲(2012)、衛生福利部全民健保法令資料、年報資料與宣導資料、廖勇誠(2016)、柯木興(1993)

11.義齒、義眼、眼鏡、助聽器、輪椅、拐杖及其他非具
積極治療性之裝具。

12.其他由建保署擬訂，經健保會審議，報主管機關核定
公告之診療服務及藥物。

表 5-1 額外費用負擔範例

項目	說明	額外費用範例
掛號費與部分負擔費用	民眾就醫需負擔掛號費與部分負擔費用。	● 醫學中心西醫門診：掛號費 150 元、部分負擔至少負擔 420 元 ● 診所西醫門診：掛號費 150 元、部分負擔 50 元
病房費差額	健保病房通常為三人或四人病房並部分負擔 5%或 10%費用。如需要升級為單人、雙人病房，需要額外負擔差額。	● 單人病房每日自行支付 2,000~5,000 元 ● 雙人病房每日自行支付 1,000~2,000 元
膳食費	住院期間之餐飲費用	● 視病人餐飲內容而定，每日約 120~500 元
病人交	申請診斷證明、住院	● 一般診斷證明

項目	說明	額外費用範例
通、證明文件	證明、病歷或檢驗報告費用	書：每份約 100~120 元 ● 勞工保險傷病證明：每份約 300 元
美容外科手術	因為美容需要所必需的外科手術	● 視美容項目而定
中藥調理、補藥	出院後療養或熬煮中藥	● 視藥材或藥帖內容而定 ● 通常每帖藥約 100~250 元
其他不給付之診療服務及藥物	● 特定治療服務、器材或藥材，需額外負擔費用，諸如：特定個人用醫療耗材、特定標靶治療或特定達文西機器手臂微創手術治療等。 ● 指定醫師、特別護士及護理師費用	● 視疾病或器材而定，每次可達 500~70,000 元。

三、醫療分級制度與轉診制度

　　健保特約醫療院所拆分成四級，分別為醫學中心、區域醫院、地區醫院與診所。另外，為了有效善用醫療資源，避免民眾不論輕重症，皆前往醫學中心或區域醫院就醫。民眾直接前往醫學中心、區域醫院或地區醫院就醫的門診部分負擔金額較高，期望透過以價制量方式，導正民眾就醫習慣。

案例分享：台中市為例
● 　醫學中心：中國醫藥大學附設醫院、台中榮總(榮民總醫院)、中山醫學院附設醫院……
● 　區域醫院：台中醫院、國軍台中總醫院………
● 　地區醫院：林森醫院、林新醫院……
● 　診　所：陳小兒科診所………

四、全民健保部分負擔制度要點

　　關於全民健保部分負擔金額列表如下[31]：

1.全民健保之門診部分負擔

(1)全民健保門診部分負擔金額為50~550元。

(2)急診、直接到醫學中心或區域醫院之部分負擔費用較高。

---

[31]針對缺乏醫療資源地區，民眾就醫時之部分負擔費用較低。

(3)前往診所或地區醫院就醫或透過轉診就醫之部分負擔
費用較低。

(4)一般基層診所部分負擔為50元。

表5-2 門診部分負擔金額摘要表

醫院	西醫門診 經轉診	西醫門診 未經轉診	急診*	牙醫	中醫
醫學 中心	170 元	420 元	450 或 550 元	50 元	50 元
區域 醫院	100 元	240 元	300 元	50 元	50 元
地區 醫院	50 元	80 元	150 元	50 元	50 元
診 所	50 元	50 元	150 元	50 元	50 元

*第3~5級收取550元；第1~2級收取450元

舉例來說，民眾感冒前往診所就醫，除了掛號費外，
需要額外部分負擔門診費用50元，但是如果前往地區醫
院，需要部分負擔門診費用80元、前往區域醫院就醫需
要部分負擔門診費用240元(一般門診)或300元(急診)、
前往醫學中心就醫，需要部分負擔門診費用420(一般門
診)或550元(急診)。另外經過轉診才到區域醫院或醫學
中心就醫，門診部分負擔費用較低；而且以急診身分就
醫的門診部分負擔費用最高。

2.全民健保之住院部分負擔

(1)急性病房住院30天內,部分負擔10%之住院費用。

(2)慢性病房住院30天內,部分負擔5%之住院費用。

表 5-3 住院部分負擔比率

病房別	住院部分負擔比率			
	5%	10%	20%	30%
急性病房	-	30 日內	31〜60 日	61 日後
慢性病房	30 日內	31〜90 日	91〜180 日	181 日以後

3.門診藥品部分負擔

門診藥品部分負擔金額0~200元。

表5-4門診藥品部分負擔金額

藥費	部分負擔費用
100 元以下	0 元
101〜200 元	20 元
201〜300 元	40 元
301〜400 元	60 元
401〜500 元	80 元
501〜600 元	100 元
601〜700 元	120 元
701〜800 元	140 元

藥費	部分負擔費用
801～900 元	160 元
901～1000 元	180 元
1001 元以上	200 元

4.門診復健（含中醫傷科）部分負擔

民眾進行門診復健物理治療或中醫傷科治療，同一療程自第 2 次起，每次須部分負擔 50 元。

五、可免除部分負擔情況

1.依據全民健保法，以重大傷病身分就醫或勞保被保險人因職業傷病就醫，可以免除所有部分負擔。

2.被保險人如果在國外發生職災事故，醫療費用核退金額依照健保署的全民健保平均費用標準支付。

3.低收入戶與榮民

4.3 歲以下兒童

5.百歲人瑞

6.其他

六、如何減少部分負擔

1. 配合轉診制度：經過診所或地區醫院轉診到醫學中心或區域醫院，門診部分負擔金額較低，例如：透過診所轉診到醫學中心就醫，只需要自行支付 170 元的醫療費用，而不是 420 元或 550 元。

2. 若無必要，可減少使用非健保給付的器材或藥品，並減少以急診身分就醫。
3. 民眾持有重大傷病卡，以重大傷病身分前往醫療院所就醫，可以免除所有部分負擔；但需要與該重大傷病相關之科室。
4. 勞保被保險人因職業傷病就醫，可以免除所有部分負擔。
5. 在大陸或國外期間，若有繼續繳納健保保費，在限額內可向健保署申請醫療費用核退。
6. 因為緊急傷病或分娩不克前往特約院所就醫，需要在非全民健保特約醫療機構就醫時，可以檢附費用明細、診斷書和核退申請書，在限額內可向健保署申請核退醫療費用。
7. 民眾就醫的「部分負擔」費用，若每次住院部分負擔金額超過 3.8 萬元或全年累計部分負擔金額超過 6.4 萬元(2018 年)，可以檢具費用明細、收據和核退申請書，於次年 6 月底前，針對超過額度的金額申請核退醫療費用。

停看聽：

1.衛生福利部公告的重大傷病證明卡範圍約有 30 大類，包括癌症、慢性精神病、洗腎及先天性疾病等。凡領有重大傷病證明的保險對象，因重大傷病就醫便可免除該項疾病就醫之部分負擔費用。

2.許多罕見疾病屬於重大傷病範圍項目，就醫時可免除部分負擔。

七、總額支付制度

　　總額支付制度，指健保署與醫療院所就特定範圍的醫療服務，如牙醫、中醫、西醫服務等預先以協商方式，訂定未來一年內之健康保險醫療服務總支出或預算總額，以支付後續醫療服務並藉以維持財務收支平衡的一種醫療費用支付制度。由於總額支付制度之概念，很像編制年度預算總額之概念，因此也可稱為總額預算制度。在此列舉總額支付制度之要點如下：

1. 每年度醫療給付費用總額，由主管機關衛生福利部於六個月前擬訂其範圍，並呈報行政院核定。

2. 健保署應依分配後之醫療給付費用總額及經其審查後之醫療服務總點數，核算每點費用；並按各醫事服務機構(醫療院所)經審查後之點數，核付其費用。

3. 醫事服務機構(醫療院所)應依據醫療服務給付項目及支付標準、藥物給付項目及支付標準，向健保署申報其所提供之醫療服務點數及藥品相關費用。

4. 若當年度實際醫療服務量過多，就會導致每點點值降低；反之，若醫療院所間同儕合作，減少不必要醫療浪費，則因醫療服務量有效控制，當年度就會提高每點點值。例如：每點點值支付 0.82 元或 0.92 元。

八、診斷關聯群制度 DRGs (Diagnosis Related Groups)

　　診斷關聯群是將同一類疾病且要採取類似治療的疾病分在同一組，再依病人的年齡、性別、有無合併症或併發症、出院狀況等再細分，並將同分組的疾病，依過去醫界提供服務之數據為基礎，計算未來健保署應給付醫院之費用額度。2019 年度除癌症、精神病與罕見疾病等重症外，將所有疾病分為 1,062 個 DRG 群組。[32]

小叮嚀：(資料來源：摘錄整理自健保署網站資訊)

全球已實施 DRGs 支付制度之國家如下：美國、加拿大、澳洲、紐西蘭、德國、比利時、愛爾蘭、捷克、葡萄牙、西班牙、法國、挪威、瑞典、日本、新加坡、韓國等。全球最早實施 DRGs 支付制度的國家是美國。[33]

---

[32] 台灣在 2010 年 1 月開始實施第一階段 DRGs 診斷關聯群制度，導入 164 項 DRGs；2014 年 7 月健保署實施第二階段 DRGs 診斷關聯群制度，再導入 254 項 DRG，2019 年共採取 1062 項 DRG。未來健保署將逐步增加 DRGs 實施的範圍與項目；下一階段預計推出 1700 項的 DRG 項目與範圍(資料來源：健保署網站)。

[33] 2017 年度全區平均每點支付金額為 0.92 元(依據健保署宣導資訊)

停看聽：

- 總額支付制度：觀念上相似於編制年度預算總限額概念，可將年度支出總額預先鎖住固定。

- 診斷關聯群制度：觀念上相似於針對每件醫療個案進行費用審核與限額管理，可讓每個個案之核定額定較為標準化與公平。

- 醫療費用總額支付制度是一種整體總量控管的手段，而個案控管必須透過診斷關聯群 DRGs 取代論量計酬，給予醫療院所更大誘因，以提高醫療服務效率，可以讓總額支付制度下之醫療資源分配更合理公平。

- 在總額支付制度下採用 DRGs 支付制度，不一定可以大量減少總體的健保醫療支出，但可提供醫療院所誘因，減少論量計酬醫療浪費，更可讓總額支付制度下之醫療資源使用更加公平合理。

九、個案分享：盲腸炎手術個案分享

(數據來源摘自健保署網站資料並予以編撰摘要)

DRGs 下，盲腸炎手術區分為八個支付點數類別，合計為 100%。申請件數最高為佔率 46%的單純性闌尾切除術(有併發症)支付，健保署支付金額約 4.7~4.9 萬元。排名第二者為複雜診斷之闌尾切除術(有併發症)，件數佔率約 17%，支付金額約 6.5~6.7 萬元。排名第三名為無併發症的單純性闌尾切除術，件數佔率為 15%，支付金額約 4 萬元。其餘病況之案件數佔率較低。

詳細案件類別摘列如下：

1.　複雜診斷之腹腔鏡闌尾切除術：
　　(1)有併發症：64,893-67,514 (個案佔率6%)
　　(2)無併發症：51,275-53,346 (個案佔率2%)
2.　複雜診斷之闌尾切除術：
　　(1)有併發症：64,925-67,548 (個案佔率17%)
　　(2)無併發症：45,099-46,921 (個案佔率5%)
3.　單純性腹腔鏡闌尾切除術：
　　(1)有併發症：52,816-54,949 (個案佔率7%)
　　(2)無併發症：44,288-46,077 (個案佔率2%)
4.　單純性闌尾切除術：
　　(1)有併發症：47,435-49,351(個案佔率46%)
　　(2)無併發症：39,128-40,709(個案佔率15%)

十、健保署對於 DRGs 的配套措施[34]

　　健保署為降低 DRGs 制度實施的負面衝擊，已設計配套措施列舉如下：

1. 部分重症疾病暫不納入 DRGs 適用範圍內：例如癌症、精神病患、血友病、愛滋病與罕見疾病，以及住院天數超過 30 天者、腎臟移植併發症、使用主動脈氣球幫浦以及高危險姓娠個案，皆暫不納入 DRGs 適用範圍。

2. 同次住院期間之安胎費用不併入生產相關 DRGs 額度中：同次住院期間安胎及生產個案，其安胎期間可能很長，為免影響孕婦住院安胎之權益，同次住院期間之安胎費用不併入生產相關 DRGs 額度中。

3. 超過上限之醫療點數仍支付八成：如果實際醫療點數超過 DRGs 的上限臨界點，超過上限之醫療點數仍支付八成。

4. 健保署監督與調整支付金額：健保署為保障民眾權益，避免醫療院所為減少醫療成本提前讓病患轉院或出院，對於提早轉院或自動出院個案，會依其住院日數及醫院提供的醫療服務是否合理，而有不同的支付。

5. 訂立監控指標：健保署持續監控相關指標，例如：出院後再回來急診比率與出院後重覆入院比率等，以觀察病人是否被迫提早出院。同時透過專業審查與監測民眾申訴案件等方式監管醫療院所。另外對於拒收病患

---

[34] 參考與修訂自健保署年報資訊或網站宣導資訊；謝淑慧、黃美玲(2012)；廖勇誠(2016)。

情形嚴重者，健保署會依特約管理辦法處理，視違規情況予以記點處分，滿 3 點可予停約處分。

另外，健保署也要求醫療院所不得以參考住院日數為由，要求每位同類病患在病情不穩定情況下提前出院。例如，簡單剖腹產平均住院天數為 5 天，簡單痔瘡結紮術平均住院天數為 3 天，但病人未能在預期內恢復，醫院不得要求病人出院或改付差額。

停看聽：
DRGs 預計衝擊：
● 　就醫住院天數逐漸減少
● 　門診手術增加
● 　疾病診療標準化

DRGs 如何因應？
診斷關聯群制度實施，如何有效彌補全民健保的自付醫療費用缺口？考量住院天數減少但自付醫療費用仍高，這時候就需要依賴實支實付醫療保險有效補足缺口。實支實付醫療保險提供保戶因疾病或意外就醫，可以在限額內實報實銷申請理賠。

第三節 長期照顧保險制度概況

「長期照顧服務法」歷經 4 年多的努力，立法院終於在 2015 年 5 月 15 號三讀通過，為推展長期照顧服務奠定法制基礎，也讓政府完備長期照顧體系的工作向前邁進一大步。

政府實施長照 2.0 制度，以落實在地老化並提供民眾申請長期照護服務、到宅評估、核定長照服務額度及照顧計畫、家庭照護者支持服務等各項服務。

然而，長期照顧制度規劃涵蓋長期照顧服務法與長期照顧保險法。長期照顧保險法尚未經過立法院三讀通過，因此本節僅就法規草案與制度規劃草案及他國經驗摘要論述說明。

● **停看聽：**

2018 年 12 月止，全球以強制性社會保險方式實施長期照顧保險制度的國家，包含荷蘭(1967)、德國(1995)、日本(2000)與南韓(2008)等。

小叮嚀[35] :
● **預估台灣 2031 年台灣失能人口數將增加至 120 萬人。**
● **推估台灣民眾一生中，平均需要被長期照顧的時間，約 7.3 年。**

---

[35]資料來源為衛生福利部長照服務法與長照保險法令資料、統計數據與宣導資料。

一、全民健保與長期照顧保險制度之分工

　　全民健保主要針對保險對象發生疾病、傷害、生育事故時提供醫療服務。在尚未實施長期照顧保險制度之前，有部分的失能失智病患，仰賴全民健保的醫療服務，形成全民健保同時提供醫療服務與照護服務之情況，也使得全民健保財務負擔增加。

　　長期照顧保險制度實施後，針對保險對象因失能持續已達六個月或預期逾六個月以上而有長期照護需求，經評估其日常生活需由他人協助或照顧，將透過長期照顧保險提供後續的長期照護服務或津貼。

二、長期照顧保險制度規劃要點

　　參照衛生福利部社會保險司與長期照顧保險法令，就長期照顧保險法概列如下：

1. 長期照顧保險屬於社會保險制度：採全民強制納保之社會保險制度。
2. 保險人：中央健康保險署(健保署)
3. 與全民健保一併辦理承保作業：全民健保與長期照顧保險一起辦理承保作業，因此繳費作業與加保等作業皆由健保署一併辦理。
4. 被保險人、政府及雇主共同分擔保費：由被保險人、政府及雇主三方共同負擔保險費。另外除了一般保險費外，也預計比照全民健保納入補充保險費制度。

5. 強化財務負擔：

採部分提存準備金制，另包含收支連動、定期檢討調整費率、提列安全準備等措施，並納入房地合一稅收與菸捐等財源。

6. 給付對象：

失能之保險對象指身體或心智功能部分或全部喪失，持續已達六個月或預期達六個月以上，經評估其日常生活有由他人照顧之需要。所有失能之保險對象，依核定之照顧計畫與長照需要等級提供給付。

7. 給付評估制度：

發展多元評估量表作為給付評估工具，經評估後有需要始能獲得基本給付。因此被保險人必須提出申請，並經健保署派人到失能者住處進行評估，經評估後有長期照顧需求，被保險人才能申請保險給付服務。

8. 給付(服務)項目：

以實物給付(實際的照護服務)為主，現金給付(照顧者津貼)為輔。長期照護保險制度主要透過中央健保署支付特約長期照護機構照護費用，並由長期照護機構提供被保險人相關照護服務的模式，給予失能者相關照護服務，列舉項目如下：

(1)身體照顧服務

(2)家務服務

(3)安全看視服務

(4)護理服務

(5)生活自立或復健訓練服務

(6)輔具服務

(7)居家無障礙空間規劃或修繕服務

(8)交通接送服務等

另外，對於家庭照顧者，也就是在家照顧家中失能失智者的照顧人員，長期照護保險也提供以下的支持服務：

(1) 喘息服務：類似特休假概念。

(2) 照顧訓練服務

(3) 照顧諮詢服務

(4) 關懷訪視服務

(5) 照顧者津貼

9.部分負擔制度：

被保險人需要自行負擔長期照護服務費用之 15%。

10.除外不保事項：

(1)膳食費。

(2)住宿費。

(3)證明文件費。

(4)因同一目的已由全民健康保險取得之給付或依其他法令已由各級政府負擔之費用或服務。

(5)其他經主管機關公告者。

三、個案：日本介護保險(長期看護保險)概況[36]

1. 日本於 2000 年 4 月開始推動「介護保險」（長期看護保險）制度，法令依據為介護保險法。

2. 被保險人年齡區分為二大類：

(1)65 歲以上

(2)40~65 歲(未滿 65 歲)

3. 長期照護服務項目或給付項目：以實物給付為原則，列舉如下：

(1)長期照護給付：包含居家照護、機構照護與地區照護等，涵蓋居家訪視與照護服務、日夜間照護、復健、器具購置及房屋裝修費用等。

(2)預防保健等相關給付：例如維持或增進生活能力的照護訓練服務，降低被保險人需要仰賴照護的等級或避免病情惡化。

4. 65 歲以上被保險人之給付條件：

a. 符合長期照護狀態，臥病在床或痴呆等需要 24 小時照護。

b. 需要日常生活上的支援協助。

5. (40~65)歲被保險人之給付條件：僅限於特定疾病所造成的需要照護狀態或需支援協助狀態；例如腦血管疾病、類風濕性關節炎、癌症末期與糖尿病神經病變等疾病。

---

[36]參邵靄如、曾妙慧與蔡惠玲(2009)，P.176~180；保發中心(2009)，金管會委託研究計劃，第一章；郝充仁(2014)，保險業務發展基金管委會，第四章；李世代(2009)，經建會委託研究計劃；廖勇誠(2016)

6 被保險人享有長期照護服務時，被保險人需要自行負擔
　10%、其餘部分由政府與長期照護保險各支付一半。

7.被保險人在長期照護期間的餐飲費用，必須完全由被保
　險人自行負擔。

第四節 全民健保文件範本與個案範例

一、全民健保個案範例(一)

> 案例:請問小輝與小莉的爸爸,應該在區公所投保全民健保,還是以眷屬身分加保比較划算?

　　應該怎樣才能節省健保保費、聰明投保呢?首先,如果被保險人本人加上眷屬後的總投保人數已達 4 人或超過 4 人,這時候再加保父母等其他直系親屬,並不需要新增健保費用。另外,如果總投保人數未達 4 人,應該以薪資水準較低之直系血親親屬的眷屬身分投保,較為划算;而且該直系親屬是擁有固定雇主的上班族或公教人員較佳,因為雇主負擔的健保保費比例為 60% 或 70%,員工或民眾只負擔 30%。

　　假設小輝月薪 6 萬元、小莉月薪 3 萬元,二人皆在民營企業工作,他們爸爸可以選擇的投保方式與額外增加的保費金額如下表:

情況	1	2	3	4
投保金額	60,800 元	30,300 元	60,800 元	-
身分別	小輝眷屬	小莉眷屬	小輝眷屬	自行投保
自付比	30%	30%	30%	60%

情況	1	2	3	4
率				
總投保人數-含爸爸	5 人	3 人	3 人	1 人
整戶保費/月	3,420	1,278	2,565	749
每月**額外**保費	0	426	855	749

*現行總投保人數(未含爸爸)若已達 4 人,其實應該以小輝眷屬身分投保;未達 4 人,應以小莉眷屬身分投保。

貼心小叮嚀:

● 不可以女婿或媳婦等非直系血親的眷屬身分投保。

● 以薪資水準較低的直系親屬之眷屬身分投保較划算;然而若親屬之總投保人數已達 4 人,就應該以該被保險人之眷屬身分投保健保。

二、全民健保個案範例(二)

> 案例： 小莉與同事因為生病住院，同樣住院十天，小莉需要自行負擔 5 萬元醫療費用，她同事則負擔 3 萬元醫療費用；為何自付金額相差近 2 萬元？

　　全民健保不是全部都保，許多是需要部分負擔的、許多項目是不保的。例如：民眾住院費用也需要部分負擔；如果因為急性傷病住院，住院 30 天內的部分負擔比率就要 10%、但因為慢性病住院，部分負擔比率就只有 5%。

　　另外，全民健保有許多不給付、不承保的項目，諸如：掛號費、病房費差額、膳食費、病人交通費用、申請診斷證明書或申請病歷等費用、施行美容外科手術、中藥調理、補藥、藥局成藥與特定診療或藥物器材等項目都是全民健保不給付的項目。例如：健保病房通常為三人或四人病房並部分負擔5%或10%費用；如果升級為單人病房，每日需要自行支付2,000~5,000元的病房費差額。

　　小莉與同事為何同樣住院10天，但自付醫療費用相差2萬元呢？可以列表比較說明如下：

項目	小莉	同事	小莉 費用說明
住院天數	10 天	10 天	-
住院住房等級	二人病房	健保病房 (三人房)	1,500 x 10 =1.5 萬
就醫身分	急性	轉診、慢性	部分負擔增加
出院後門診次數	4 次	1 次	掛號費與部分負擔增加

小叮嚀：

- 減少部分負擔方式：配合轉診制度、若無必要可減少使用非健保給付的器材或藥品、減少以急診身分就醫、以職業傷病或以重大傷病等身分就醫。

- 申請核退醫療費用：在大陸或國外期間，若有繼續繳納健保保費，可在限額內申請醫療費用核退。

三、全民健保文件範本

附表二

全民健康保險　　　　　院(所)轉診單(轉診至　　　　院所)

保險醫事服務機構代號：

<table>
<tr><td rowspan="11">原
診
療
醫
院
診
所</td><td rowspan="4">保險對象基本資料</td><td>姓　　　名</td><td>性　　　別</td><td colspan="2">出　　生　　日　　期</td><td colspan="2">身　分　證　號</td><td rowspan="11">第一聯：接受轉診(轉入)醫院、診所回覆轉出醫院、診所留存</td><td rowspan="11">第二聯：接受轉診(轉入)醫院、診所回覆轉出醫院、診所留存</td></tr>
<tr><td></td><td>□男 □女</td><td colspan="2">民國(前)　年　月　日</td><td colspan="2"></td></tr>
<tr><td>聯　絡　人</td><td colspan="2">聯　絡　電　話</td><td>聯　　絡　　地　　址</td><td></td></tr>
<tr><td colspan="6"></td></tr>
<tr><td rowspan="4">病
歷
摘
要</td><td colspan="3">A.病情摘要(主訴及簡短病史)</td><td colspan="3">D.藥物過敏史：</td></tr>
<tr><td colspan="3">B.診斷　　　　ICD-10-CM/PCS
1.(主診斷)
2.
3.</td><td colspan="3">病名</td></tr>
<tr><td colspan="6">C.檢查及治療摘要</td></tr>
<tr><td colspan="3">1.最近一次檢查結果
日期：
報告：</td><td colspan="3">2.最近一次用藥或手術名稱
日期：</td></tr>
<tr><td>轉診
目的</td><td colspan="6">1.□急診治療　　4.□進一步檢查，檢查項目
2.□住院治療　　5.□轉回轉出或適當之院所繼續追蹤
3.□門診治療　　6.□其他</td></tr>
<tr><td>院所
住址</td><td colspan="3"></td><td colspan="3">傳真號碼：
電子信箱：</td></tr>
<tr><td>診治
醫師</td><td>姓名</td><td>科別</td><td colspan="2">聯絡電話</td><td colspan="2">醫師簽章</td></tr>
<tr><td rowspan="3"></td><td>開立
日期</td><td colspan="2">年　　月　　日</td><td colspan="2">安排就醫日期</td><td colspan="2">年　　月　　日
科　　診　　號</td></tr>
<tr><td>建議轉至院所</td><td colspan="6">名稱：(必填)　　科別：(必填)　　醫師：
地址：　　　　　　　　　電話：</td></tr>
<tr><td>有效期限：</td><td colspan="6">年　　月　　日</td></tr>
<tr><td rowspan="4">接
受
轉
診
醫
院
診
所</td><td>處理情形</td><td colspan="6">1.□已予急診處置並轉診至　　　　醫院
2.□已予急診處置，並住本院　　　病房治療中
3.□已安排住本院　　　病房治療中
4.□已安排本院　　　科門診治療中
5.□已予適當處理並轉回原院所，建議事項如下
6.□其他</td></tr>
<tr><td>治療摘要</td><td colspan="3">1.主診斷
ICD-10-CM/PCS：
病名：</td><td>2.治療藥物或手術名稱</td><td colspan="2">3.輔助診斷之檢查結果</td></tr>
<tr><td>院所名稱</td><td colspan="3"></td><td colspan="3">電話或傳真：
電子信箱：</td></tr>
<tr><td>診治
醫師</td><td>姓名</td><td>科別</td><td colspan="2">醫師簽章</td><td>回覆日期</td><td>年　　月　　日</td></tr>
</table>

第三聯：原診療醫院、診所留存

※本轉診單限使用乙次
※以上欄位均屬必填，非屬本辦法第7條規定應包括之內容者，如無則填無

表號：承表D□□年□月□日

勞工保險證號 (3位數字+1位英文檢查碼)	0 5 0 0 0 0 0 A
全民健康保險投保單位代號	1 2 0 1 2 3 4 5 6

單位統一編號表
於背面加蓋關防

勞 工 保 險 加 保 申 報 表
全民健康保險第一、二、三類保險對象投保申報表
〈※勞工退休金提繳申報表〉

勞保局、健保署收件	健保署 分區業務組	○○業務組

民國 106 年 5 月 8 日申報

民國 106 年5月份第 001 號表

申報加保者 (打∨)		被 保 險 人					相 關 眷 屬				投保單位填寫		健保署核定生效日期
本人	眷屬	姓 名	國民身分證統一編號 (居留證或護照號碼)	出生年月日	基本部自願加價加保繳費打∨ (眷屬免填)	勞保月投保薪資、全民健康保險投保金額(元) (眷屬免填)	姓 名	國民身分證統一編號 (居留證或護照號碼)	出生年月日	稱謂代號 (眷屬限填)	合於投保條件 原因　日期		
∨		甄福氣	Z 1 2 9 9 9 9 7 2 2	50年1月1日		87600			年 月 日		到職	106.5.8
	∨	甄福氣	Z 1 2 9 9 9 9 7 2 2	50年1月1日			陳通鳳	Z 2 9 9 9 9 9 9 9 8	50年7月1日	1	眷屬加保	106.5.8
	∨	甄福氣	Z 1 2 9 9 9 9 7 2 2	50年1月1日			甄小健	Z 1 9 9 9 9 9 9 6 3	91年8月1日	3	眷屬加保	106.5.8
				年 月 日					年 月 日			
				年 月 日					年 月 日			
				年 月 日					年 月 日			
				年 月 日					年 月 日			
				年 月 日					年 月 日			

以上資料確依國民身分證所載資料以正楷填寫

投保單位名稱：○○○○○
地址：○○市○○區○○路○○段○○號
電話：○○○○ 用印 印章　　經辦人 用印 印章

負責人　　　　經辦人　　　　填表說明

用印
單位印章

勞保局、健保署填用		
受理號碼		
人數 名	勞保加保 健保受理日期	
受理人員	資料鍵錄	資料校對

1. 投保單位應為員工到職當日申報加保，其到職前如自員工自填申報表者應加蓋章戳，(其餘辦理時陸續請另紙使用)
2. 本表填寫一式2份一併交退回表者，(兼二類健保加報須列填寫單位名稱、地址)，每份均應加蓋單位印章、經辦人印章、並詳填單位名稱、地址、電話。(加申報整份表者申報加保須由報本加保者申報表、請參閱背面說明二)，首次參加投保者(加新生嬰兒、新聘外籍勞工)請詢明時陸「請填健保卡申請表」，申報健保卡。

※一、(略)退休金專案依勞工身分之勞工(含本國籍、外籍勞工、陸港澳地區配偶)，未就業及退休金請繳勞保者，勞保局將以本表通知日期視實際勞工退休金是專由主雇提繳申報及所屬投保單者，含實際行勞工退休金。

二、有下列情形之一者，請填具「勞工退休金提繳申報表」等送勞保局辦理勞工退休金提繳手續：
(一)勞工退休金開始提繳日期與本表投退通日期不同。
(二)新到職個別勞工之雇主提繳率不同者。
(三)勞工個人自願另行提繳勞工退休金。
(四)特定工作者適用勞動基準法之勞工或受委任工作者(如公務機關、公立單位及公、私立學校)申報勞工提繳勞工退休金。

三、表列勞工具勞動基準法之身分而應由勞動基準法之身分，勞情按列上註明身分，如雇主自願為其提繳或其就個人自願提繳者，請另填具「勞工退休金提繳申報表」等送勞保局辦理，實際從事勞動之雇主個人自願提繳者，否同。

第五節 精選考題與解析

壹、選擇題

1.關於全民健保的醫療給付項目，包含那些項目？

    (1) 醫療服務

    (2) 藥事服務

    (3) 預防保健服務

    (4) 以上皆是

解答：【4】

2.關於全民健保的不給付項目，包含那些項目？

    (1) 醫師指示用藥

    (2) 指定醫師費用

    (3) 病房費差額

    (4) 膳食費

    (5) 以上皆是

解答：【5】

3.關於現行全民健保的部分負擔項目，何者有誤？

    (1) 高診次部分負擔

    (2) 門診部分負擔

    (3) 藥品部分負擔

(4) 住院部分負擔

解答：【1】

4.關於現行全民健保制度下，哪一種情況可以免除所有部分負擔？

    (1)   百歲人瑞

    (2)   接受牙醫醫療服務

    (3)   實施復健治療

    (4)   以重大傷病或職業傷病就醫

解答：【1】【4】

貳、簡答題與計算題

1.請問全民健保有那些部分負擔項目與規定？

參考解答：

(1) 全民健保之門診部分負擔：

a.全民健保門診部分負擔金額為50~550元。

b.急診、直接到醫學中心或區域醫院之部分負擔費用較高。

c.前往診所或地區醫院就醫或透過轉診就醫之部分負擔費用較低。

d.一般基層診所部分負擔為50元。

(2)全民健保之住院部分負擔：急性病房住院30天內，部分負擔10%之住院費用。慢性病房住院30天內，部分負擔

5%之住院費用。

(3)門診藥品部分負擔：0~200元。

(4)門診復健（含中醫傷科）部分負擔：同一療程自第2次起，每次須部分負擔50元。

2.請說明何謂總額支付制度？

參考解答：

總額支付制度指健保署與醫療院所就特定範圍的醫療服務，如牙醫、中醫、西醫服務等預先以協商方式，訂定未來一年內之健康保險醫療服務總支出或預算總額，以支付後續醫療服務並藉以維持財務收支平衡的一種醫療費用支付制度。

3.請說明何謂診斷關聯群制度DRGs？

參考解答：

診斷關聯群DRGs是將同一類疾病且要採取類似治療的疾病分在同一組，再依病人的年齡、性別、有無合併症或併發症、出院狀況等再細分，並將同分組的疾病，依過去醫界提供服務之數據為基礎，計算未來健保署應給付醫院之費用額度。

參、問答題

一、全民健保補充保險費之扣繳項目包含那些？請說明其範圍與扣收門檻？

參考解答：

民眾擁有以下六項特定收入時，必須由扣費義務人額外扣取補充保險費，補充保險費費率為收入的 1.91%。

項　目	摘要	扣收門檻
1. 全年累計超過投保金額 4 倍部分的獎金	年終獎金、季獎金、三節獎金、董監事紅利等	無
2. 兼職薪資所得	兼職人員的薪資所得	單次給付達基本工資：2019 年為 23,100 元
3. 執行業務收入	在其他單位賺取的執行業務收入	20,000 元/次
4. 股利所得	投資股票領到的現金股利與股票股利	20,000 元/次
5. 利息所得	台幣存款與外幣存款的利息、債券配息與票券配息	20,000 元/次
6. 租金收入	個人出租不動產給公司或機構的租金收入	20,000 元/次

二、請問全民健保有那些除外不保項目？請列舉 7 項。
參考解答：

1. 藥癮治療、美容外科手術、非外傷治療性齒列矯正、預防性手術、人工協助生殖技術、變性手術。

2. 成藥、醫師藥師藥劑生指示藥品。

3. 指定醫師、特別護士及護理師。

4. 日間住院。

5. 管灌飲食以外之膳食、病房費差額。

6. 病人交通、掛號、證明文件。

7. 義齒、義眼、眼鏡、助聽器、輪椅、拐杖及其他非具積極治療性之裝具。

三、針對一般失能失智被保險人，請說明現行規劃中的台灣長期照顧保險制度的保險給付項目包含那些？
參考解答：
長期照護保險制度主要透過中央健保署支付特約長期照護機構照護費用，並由長期照護機構提供被保險人相關照護服務的模式，給予失能者相關照護服務，列舉項目如下：

1.身體照顧服務

2.家務服務

3.安全看視服務

4.護理服務

5.生活自立或復健訓練服務

6.輔具服務

7.居家無障礙空間規劃或修繕服務

8.交通接送服務等

四、針對家庭照顧者，請說明規劃中的台灣長期照顧保險制度的保險給付項目包含那些？

參考解答：

對於家庭照顧者，也就是在家照顧家中失能失智者的照顧人員，長期照護保險也提供以下的支持服務：

1.喘息服務

2.照顧訓練服務

3.照顧諮詢服務

4.關懷訪視服務

5.照顧者津貼

五、請說明規劃中的長期照護保險之部分負擔制度與除外不保項目概況？

參考解答：

1.部分負擔制：被保險人需要自行負擔長期照護服務費用之 15%。

2.除外不保事項：

(1)膳食費。

(2)住宿費。

(3)證明文件費。

(4)因同一目的已由全民健康保險取得之給付或依其他法

令已由各級政府負擔之費用或服務。

(5)其他經主管機關公告者。

六、請問規劃中的長期照顧保險制度,對於被保險人之失能失智之資格條件有何規定?

參考解答:

失能之保險對象指身體或心智功能部分或全部喪失,持續已達或預期達六個月以上者,經評估其日常生活有由他人照顧之需要。

資料來源:本書考題來源參考 CFP 考題編撰、理財規劃人員保險相關考題、人身保險代理人保險相關考題、壽險管理學會保險相關考題或作者自編或修訂、長期照顧保險法草案與健保署網站資訊。

第六章 汽車責任保險及車禍賠償要點與個案

- 我騎車被撞了，怎麼辦？
- 強制險有保財損嗎？
- 我可以直接向產險公司申請理賠嗎？
- 加害人肇事逃逸，強制險理賠可向誰求償？
- 我要多久之內提出刑事或民事告訴？
- 我骨折斷裂，持續治療中，請問我可向對方要求工作收入損失與精神慰撫金嗎？
- 醫療費用部分，請問我可以申請多久期間？
- 對方一直沒有誠意和解，怎麼辦？

第一節 汽機車第三人責任保險理賠要點

一、強制第三人責任保險與任意第三人責任險之比較

強制汽機車責任保險為強制投保的政策性保險，概念上不論雙方是否有過失，若第三人有傷亡，強制汽機車責任保險都會賠償予第三人。強制第三人責任險的承保範圍只承保人身傷亡事故，2019年理賠金額規定如下：

1. 理賠金額為200萬。
2. 殘廢失能理賠則依照殘廢失能等級而定，最高理賠200萬元。
3. 醫療給付最高額度20萬元而且各醫療項目訂有理賠限額。

為使車禍責任保障更加完整，建議車主另外投保包含第三人財產損失與更高的人身傷亡損害賠償金額之任意汽機車第三人責任保險。另外，駕駛人與被保險人的配偶及同居家屬、乘客或執行職務的受僱員工，通常無法擁有任意第三人責任保險的人身或財產的損害賠償。因此建議駕駛人與被保險人、家屬、乘客等人須另外投保意外保險、醫療保險與乘客責任險，才可以保障到自己、家人與乘客。

表 6-1 強制第三人責任險與任意第三人責任險之比較

構面/險種	強制第三人 責任保險	任意第三人 責任保險
強制投保 與否	是	否
理賠基礎	基本(限額理賠)	超額理賠責任
經營模式	公辦民營	民營
賠償責任	限額無過失責任	過失責任且受賠償請求
主要理賠 給付項目	● 死亡給付 ● 殘廢給付 ● 傷害醫療給付	● 死亡給付 ● 殘廢給付 ● 傷害醫療給付 ● 財產損害給付 ● 精神補償或慰問金等各項給付 ● 其他體傷與財產賠償
除外對象	● 駕駛人 ● 故意行為或犯罪行為 ● 酒駕行為 ● 吸毒行為 ● 無照駕駛相關行為	● 駕駛人及左列行為人 ● 被保險人、被保險人配偶及其同居家屬 ● 被保險人所僱用之駕駛人及所屬之業務使用人

構面/險種	強制第三人責任保險	任意第三人責任保險
		● 被保險人許可使用或管理被保險汽車之人 ● 乘客或上下被保險汽車之人 ● 駕駛被保險汽車之人、駕駛人之同居家屬 ● 故意行為、犯罪行為或其他除外事項
承保對象	● 車外第三人 ● 乘客	● 車外第三人

二、強制汽機車第三人責任保險理賠項目與金額

1.傷害醫療給付：限額內可檢據申請，採實報實銷方式理賠，被保險人可採副本申請傷害醫療給付；2019 年傷害醫療給付金額最高為 20 萬元，各項目之理賠限額規定如下：

(1)急救費用：包含救護車費用等。

(2)診療費用(不含全民健保給付範圍)：

　a.病房費差額：每日限額 1,500 元。

　　b.膳食費：每日限額 180 元。

　　c.義肢器材或裝置費：每一肢限額 50,000 元。

　　d.義齒器材及裝置費：每齒限額 10,000 元，最高 50,000
　　　元。

　　e.義眼器材及裝置費：每顆限額 10,000 元。

　　f.其他非健保給付之醫療材料及非具積極治療性裝具：
　　　最高 20,000 元。

　　g.其他非健保給付項目：掛號費、診斷證明書費等未訂
　　　定限額。

(3)接送費用：最高 20,000 元。

(4)看護費用：每日限額 1,200 元，最高給付 30 日。

(5)財損理賠：無。

2.殘廢給付：依照殘廢等級理賠，區分 15 等級 205 項。
　　2019 年第 1 等級理賠金額為 200 萬；第 15 等級理賠金
　　額為 5 萬。

3.死亡給付：採定額給付，2019 年理賠金額為 200 萬元；
　　無每一事故最高理賠上限或人數上限。

小叮嚀：

● 針對未投保第三人責任保險肇事或肇事逃逸車輛，受
　害人可向汽車交通事故特別補償基金請求賠償。

● 請求權人對於保險人之保險給付請求權，自知有損害
　發生及保險人時起，二年間不行使而消滅。自汽車交
　通事故發生時起，逾十年者，同樣時效消滅。

三、任意第三人責任險理賠項目與金額

1.體傷死亡理賠項目[37]：

(1)急救或護送費用：緊急救治或護送傷亡者，所必需之實際費用。

(2)醫療費用：須具有執照之醫療院所所開具之醫療費用單據，包括掛號、醫藥、X光檢查等必需費用，如向藥房購買藥品，藥品單據應由主治醫師簽證。關於醫療費用單據，若傷者於私立醫院就醫，應請院方就治療之經過，將手術費、藥品費、住院費、檢查費等分項開列清單；貴重藥品應加註藥品名稱、廠牌及數量、單價，才能核銷。

(3)交通費用：受傷者在治療期間來往醫院所必需之實際交通費用為限。

(4)看護費用：傷情嚴重確實必要者為限，但僱用特別護士時，須有主治醫師認為必要之書面證明。

(5)診斷書、證明書費用：診斷書須由合格醫師所開立，並儘量要求醫師在診斷書上填寫該治療期間需否住院，住院日數以及療養方法與時間並作詳確之估計。

(6)喪葬費用及精神慰藉金：參照被害者之工作收入、受扶養之遺屬人數、生活程度及當地習慣等，給付合理的喪葬費用及精神慰藉金。

---

[37]參酌任意汽車第三人責任險條款、陳伯燿等(2012)、廖勇誠(2013)

(7)後續自療費用：得視受傷情形及病癒程度，並參照已
　支用之醫藥費及醫師診斷書所註明之應繼續治療時間，
　給予必需之後續治療費用。

(8)其他體傷賠償：以第三人依法可請求賠償者為限。

2.財損理賠範圍：

(1)運費：搬運第三人財物損壞所必需之實際費用。

(2)修復費用：修復第三人財物所需費用。但以該第三人
　受損財物之實際現金價值(重置成本-實際折舊)為準。

(3)補償費用：第三人之寵物、衣服、家畜、紀念品等因
　遭受損害，無法修理或恢復原狀得按實際損失協議理
　賠。

(4)其他財損賠償：以第三人依法可請求賠償者為限。

3.不保事項摘要：

(1)因尚未裝載於被保險汽車或已自被保險汽車卸下之貨
　物所引起之任何賠償責任，但在被保險汽車裝貨卸貨
　時所發生者，仍須理賠。

(2)乘坐或上下被保險汽車之人死亡或受有體傷或其財物
　受有損失所致之賠償責任。

(3)被保險人、使用或管理被保險汽車之人、駕駛被保險
　汽車之人、被保險人或駕駛人之同居家屬及其執行職
　務中之受僱人死亡或受有體傷所致之賠償責任。

(4)被保險人、使用或管理被保險汽車之人、駕駛被保險
　汽車之人、被保險人或駕駛人之同居家屬及其執行職

務中之受僱人所有、使用、租用、保管或管理之財物受有損害所致之賠償責任。

(5)被保險汽車因其本身及其裝載之重量或震動,以致橋樑、道路或計量臺受有損害所致之賠償責任。

(6)被保險汽車因汽車修理、停車場(包括代客停車)、加油站、汽車經銷商或汽車運輸等業在其受託業務期間所致之賠償責任。

停看聽:

2017 年起,被保險人酒後駕車遭警方取締,將列入該被保險人所駕駛車輛車主的記錄,該車主名下的汽車投保強制汽車責任保險,每違規 1 次將加費 3,600 元,而且加費之車輛數及加費金額沒有上限。

車禍肇事逃逸與車禍時妨礙交通相關法規:
1.刑法第 185-4 條,駕駛動力交通工具肇事,致人死傷而逃逸者,處 1 年以上 7 年以下有期徒刑
2.道路交通管理處罰條例第 62 條摘錄
- 汽車駕駛人駕駛汽車肇事,無人受傷或死亡而未依規定處置者,處新臺幣 1,000 千元以上 3,000 元以下罰鍰;逃逸者,並吊扣其駕駛執照 1 個月至 3 個月。...
- 汽車尚能行駛,而不儘速將汽車位置標繪移置路邊,致妨礙交通者,處駕駛人新臺幣六百元以上一千八百元以下罰鍰。......
- 駕駛人肇事致人受傷而逃逸者,吊銷其駕駛執照;致人重傷或死亡而逃逸者,吊銷其駕駛執照,並不得再考領。

第二節　車禍過失賠償與和解注意事項

一、交通事故應負的責任

1.行政責任：指違反交通法規而遭吊銷駕照或罰鍰或參加道安講習等行政處分。

2.刑事責任：

(1)因車禍致人受傷為過失傷害罪：屬於告訴乃論的罪，須受害人提出告訴，如受害人或其家屬未提起告訴或在判決前撤回告訴，加害人不需負此刑責。刑法過失傷害罪，受害人需在六個月內提出刑事告訴，否則時效消滅；時效消滅後，加害人得主張時效消滅而免除刑事責任。

(2)因車禍致人死亡屬過失致死罪：過失致死罪屬於公訴罪，不須受害人提出告訴，檢察官將直接提出告訴(公訴)。另外，若加害人有酒駕或強烈的危險駕駛行為，可能被以殺人罪起訴判刑。

3.民事責任：

民法之侵權行為損害賠償責任包括：

(1) 造成他人財物損壞之合理修復費用或無法修復時購置之合理費用。

(2) 造成他人傷亡時之合理且必要賠償費用。

(3) 受害人需在二年內提出民事告訴，否則時效消滅；時效消滅後，加害人得主張時效消滅而免除民事賠償責任。

停看聽：

- 刑事訴訟法第 237 條 告訴乃論之罪，其告訴應自得為告訴之人知悉犯人之時起，於六個月內為之。得為告訴之人有數人，其一人遲誤期間者，其效力不及於他人。

- 民法第 197 條 因侵權行為所生之損害賠償請求權，自請求權人知有損害及賠償義務人時起，二年間不行使而消滅。自有侵權行為時起，逾十年者亦同。

- 受害人可在六個月內提出刑事附帶民事告訴，要求加害人負刑事責任並請求人身損害與財產損害之民事賠償。

二、交通事故過失比例摘要[38]

車禍肇事原因分析可能區分出主要肇事原因、次要肇事原因、一般違規行為及任一方為無肇事因素。通常主要肇事原因與車禍之發生與否的關聯性最強，因此負擔主要肇事原因的一方過失比例最高，也需要負擔主要的賠償責任。原則上事故過失責任比例之判定，主要依據路權擁有者判定由哪一方負擔主要肇事責任。

---

[38] 參陳伯燿等（2002），汽車保險，第五章；保發中心（1992），第七章；道路交通安全規則與道路交通管理處罰條例。

1. 車輛行進中追撞，則後行車輛需賠付前行車輛之損壞，後車負 100% 過失責任。但若前車有超速、違規煞車或不當交通違規事件(非車禍主因)，前車也需要依個案分攤肇責，例如：前車負擔 30% 過失責任比例。另外，若因前車倒車而導致車禍發生，前車應負 100% 過失責任或主要過失責任，例如承擔 70% 之過失責任比例。

停看聽：

> 作者實際協助處理車禍個案時，也曾遇到後車追撞前車，但前車需要負 70% 過失比例的個案。原因是因為前車在快車道路中央突然違規停車且為無照駕駛，因而導致後方機車碰撞受傷。實際車禍過失比例因個案而異，需依照法院判決、車輛行車事故鑑定委員會之鑑定結果或參酌道路交通事故初步分析研判表。

2. 轉彎車應讓直行車先行，否則轉彎車負擔 100% 過失責任。若直行車有超速或不當交通違規情形(非車禍主因)，直行車分攤 30% 過失責任、轉彎車則負擔 70% 過失責任。

3. 支線道車輛應讓主幹道車輛先行，否則支線道車輛負擔 100% 過失責任。若主幹道車輛有超速或不當交通違規情形(非車禍主因)，主幹道車輛分攤 30% 過失責任、轉彎車則負擔 70% 過失責任。

4.路邊停車後,從路邊起駛開往車道、未禮讓行進中車輛
先行因而導致車禍,路邊起駛車輛應負 100%過失責任;
若行進中車輛有超速或不當交通違規情形(非車禍主
因),行進中車輛分攤 30%過失責任、路邊起駛車輛則
負擔 70%過失責任。

5.因車輛闖紅燈或紅燈左右轉而導致車禍,應負 100%過
失責任;若被撞車輛有超速或不當交通違規情形(非車
禍主因),應分攤 30%過失責任,闖紅燈或紅燈左右轉
車輛負擔 70%過失責任。

6.車輛開啟或關閉車門未注意後方來車,不當開關車門的
車輛或乘客須負擔 100%過失責任;若後方來車有超速
或不當交通違規情形(非車禍主因),行進中車輛分攤
30%過失責任、開啟或關閉車門車輛或乘客則負擔 70
%過失責任。

7.逆向行駛車輛撞擊另一車輛,逆向行駛車輛應負擔
100%的過失責任;若受撞車輛有超速或不當交通違規
情形(非車禍主因),受撞車輛分攤 30%過失責任,逆向
行駛車輛則負擔 70%過失責任。

8.行駛縮減車道之車輛,應該禮讓直行車道車輛先行,否
則發生車禍,縮減車道車輛需要負擔 100%的過失責任;
若直行車輛有超速或不當交通違規情形(非車禍主因),
直行車輛分攤 30%過失責任、縮減車道車輛則負擔 70
%過失責任。

小叮嚀：車輛行駛優先順序
1. 支線道車應讓幹線道車先行。
2. 轉彎車應讓直行車先行。
3. 同樣是支線道或幹線道行車，如同為直行車或轉彎車者，左方車應禮讓右方車先行。

三、車禍相關證明文件與要點

1. 受害人發生車禍時，應立即報警處理；隨後，應通知產險公司處理。若有傷亡，受害人或其遺屬另應檢具身分證明文件、診斷證明書及醫療費用收據或死亡證明書等相關文件，向產險公司或特別補償基金申請理賠。當事人若有調解之需求，請向區公所或法院調解委員會申請調解。若調解或和解不成功，則於半年內向加害人提出刑事告訴或提出刑事附帶民事告訴。

2. 當事人取得當事人登記聯單時應留意聯單內容，並保留行車紀錄器影像及拍攝對方違法違規事證照片。

3. 事故發生後約 7 日：可前往內政部警政署網站 https://tm2.npa.gov.tw，申請提供道路交通事故現場圖與現場照片。

4. 事故發生後約 30 日：可前往警政署網站申請提供「道路交通事故初步分析研判表」。

圖 6-1 警政署交通事故資料申請系統(1)

圖 6-2 警政署交通事故資料申請系統(2)

5.可向各縣市之車輛行車事故鑑定委員會申請車禍鑑定
(須付費)。申請車禍鑑定也需要留意時限，例如當事人
得於交通事故發生日起 6 個月內向各縣市車輛行車事
故鑑定委員會申請付費鑑定。例如：台北市民 E 點通
https://www.e-services.taipei.gov.tw/申請或台中市政府
交通局網站 https://www.traffic.taichung.gov.tw 即可查
看車輛行車事故鑑定委員會之各項規定與流程。高雄
市政府交通局 http://traffic.kcg.gov.tw/即可查看規定與
流程。[39]

---

[39] 資料來源摘錄修訂自台北市民 E 點通
https://www.e-services.taipei.gov.tw/、台中市政府交通局網站
https://www.traffic.taichung.gov.tw、高雄市 http://traffic.kcg.gov.tw/。鑑定
費用約 3 千元。

圖 6-3 台北市行車事故鑑定網站

圖 6-4 台中市行車事故鑑定網站

圖 6-5 高雄市行車事故鑑定網站

臺中市車輛行車事故鑑定委員會鑑定申請表

肇事時間	_____年_____月_____日_____時_____分				
肇事地點	1. 臺中市_____區_____ 2. 國道_____號(或_____快速公路)_____公里_____公尺_____向				
當事人	姓名	年齡	性別	身分證字號	
	駕駛車輛種類及車號				
	聯絡地址及電話				
對方當事人	姓名	駕駛車輛種類及車號		姓名	駕駛車輛種類及車號
申請人	姓名: 　　　　　 簽章		與當事人關係	☐本人　☐繼承人 ☐車主　☐法定代理人	
	聯絡地址				
	聯絡電話		申請日期	年　　月　　日	
現場處理單位	臺中市政府警察局_____分局_____分隊(派出所) 國道公路警察局第_____公路警察大隊_____分隊				
傷亡情形	☐死亡　☐受傷　☐無	是否已在司法審理中	☐是　　☐否		

注意事項：
1. 鑑定規費每案新台幣參仟元，請以郵政劃撥繳納，受款人：臺中市政府。
2. 申請人身分需為行車事故當事人、或其繼承人、或法定代理人、或車輛所有人方能提出申請。
3. 事故當事人請附駕駛執照(或身分證)影印本乙份及道路交通事故當事人登記聯單；法定代理人請附身分證及與當事人關係證明文件影本各乙份；車輛所有人，請附行車執照影本乙份。
4. 申請要件為事故發生地之本市轄區內，且肇事時間在六個月以內，並經警察機關處理、留有紀錄者(含各當事人筆錄、警繪現場圖、現場照片、車損照片等)。不受理案件如背面說明。
5. 準備提出則肇事告訴或已在司法機關審理中刑事案件，請勿申請鑑定，應向司法機關聲請鑑定。已申請但尚未完成鑑定以前，如當事人提出刑事告訴，依規定本會必須停止辦理鑑定。
6. 申請人可到會或郵寄辦理申請。因不解或其他理由自行撤回者無法退費，請付知勿處後再申請。

地址：40304 臺中市西區自由路一段 150 號 7 樓　　　電話：(04)22252068　　　傳真：(04)22252117

| 案號： | |

圖 6-6 行車事故鑑定申請表

四、車禍調解或和解注意事項

1. 留意民事與刑事消滅時效：刑事告訴之消滅時效為六個月、民事告訴之消滅時效為二年，建議若三個月內和解不成，先行提出刑事告訴或刑事附帶民事告訴。

2. 車禍調解地點宜慎選：諸如：警察局、區公所、法院等地較適合，不建議在受害者家裡或親友家裡洽談和解。

3. 放棄撤銷告訴並訂定和解金支付期限：務必約定和解金額之支付時限並要求對方與對方親友放棄一切民事與刑事告訴或求償權利。

4. 建議須有見證人：透過調解委員會調解較佳，因為有調解委員擔任見證人。另外，若對方為未成年人，務必有法定代理人簽名或由父母擔任連帶保證人。

5. 保管相關單據：各項單據應妥善保管，例如：醫療費用單據、醫師診斷證明書、X 光或電腦斷層照片、交通事故登記聯單、道路交通事故現場圖、現場照片、行車紀錄器影像與道路交通事故初步分析研判表。

6. 和解金額或賠償金額範圍：和解金額或賠償金額是否同時涵蓋人身損害與財產損害金額？是否涵蓋強制汽機車責任保險給付金額？醫療損害是否涵蓋未來的醫療與所得損失？

7. 和解過程務必通知保險公司參與，否則產險公司可以拒絕接受該和解結果。

8.車禍過程、人、事、時、地、物與調解時間，應詳細載明。

9.車禍調解時，調解委員會依據車禍過失責任比例，協調雙方以調解出合理必要的賠償金額，如果對於調解金額不同意或不滿意，受害人可以拒絕、不須勉強接受。

10.應備妥和解書並由雙方親簽蓋章，切不可口說無憑而留下未來糾紛禍源。

五、車禍和解書內容建議

一、車禍事實經過

緣因＿＿＿＿＿＿＿＿（以下稱甲方）於民國＿＿＿＿年月＿＿＿＿日＿＿＿＿時所駕之車輛＿＿＿＿＿＿＿＿＿＿＿與＿＿＿＿＿＿＿＿（以下稱乙方）所駕之車輛＿＿＿＿＿＿於＿＿＿＿＿市＿＿＿＿＿＿＿＿＿＿路＿＿＿＿段＿＿＿＿＿處發生交通意外事故。甲乙雙方同意和解內容如下，並由丙方＿＿＿＿＿＿作為本次和解之見證人。

二、和解條件

甲乙雙方之本次交通意外事故，經過失相抵後雙方同意和解條件如後：

1、甲方同意賠償乙方新台幣＿＿＿＿＿＿ ＿＿元整的財產維修與損害相關損失。

2、甲方同意賠償乙方新台幣＿＿＿＿＿＿＿元整的人身與收入損害相關損失；賠償金額已包含強制汽車責任保險給付金額在內。

3、上述賠償共新台幣＿＿＿＿＿＿＿＿＿元整，甲方同意於民國＿＿＿年＿＿月＿＿＿日前以匯款或即期支票兌現支付完畢。甲方未於期限內以匯款或即期支票兌現支付賠償金，視同和解不成立，甲方同意支付乙方違約金新台幣 ＿＿＿＿＿＿＿元整。＿＿＿＿＿方金融機構帳戶存摺影本如附件。

三、其他約定

1、若和解成立，甲乙雙方及家屬、親友或繼承人，同意放棄法律上一切民事、刑事追訴或求償權利。

2、上述和解條件，雙方同意遵守，特立本和解書為憑，甲乙丙三方各執一份留存。

甲方(簽名)：＿＿＿＿＿＿＿＿＿＿＿＿＿＿＿＿＿
身份證字號：＿＿＿＿＿＿＿＿＿＿＿
　通訊地址：＿＿＿＿＿＿＿＿＿＿＿＿＿＿＿＿＿
　戶籍地址：＿＿＿＿＿＿＿＿＿＿＿＿＿＿＿＿＿
　電　　話：＿＿＿＿＿＿＿＿＿＿＿＿＿
乙方(簽名)：＿＿＿＿＿＿＿＿＿＿＿＿＿＿＿＿＿
身份證字號：＿＿＿＿＿＿＿＿＿＿＿
　通訊地址：＿＿＿＿＿＿＿＿＿＿＿＿＿＿＿＿＿
　戶籍地址：＿＿＿＿＿＿＿＿＿＿＿＿＿＿＿＿＿
　電　　話：＿＿＿＿＿＿＿＿＿＿＿＿＿

見　證　人：
丙方(簽名)：＿＿＿＿＿＿＿＿＿＿＿＿＿＿＿＿＿
　地　　址：＿＿＿＿＿＿＿＿＿＿＿＿＿＿＿＿＿

中　　華　　民　　國　　　年　　　月　　　日

第三節 車禍相關表單文件範本

一、交通事故當事人登記聯單

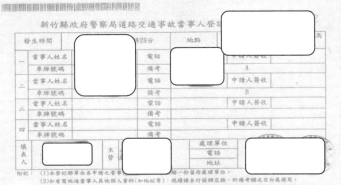

新竹縣政府警察局道路交通事故當事人登記

發生時間				29分	地點		
一	當事人姓名			電話			A
	車牌號碼			備考		申請人簽收	
二	當事人姓名			電話			B
	車牌號碼			備考		申請人簽收	
三	當事人姓名			電話		申請人簽收	
	車牌號碼			備考			
四	當事人姓名			電話		申請人簽收	
	車牌號碼			備考			
填表人		主管			處理單位		
					電話		
					地址		

附記：(1)本登記聯單由各申請之當事人各執一份並存處理單位。
(2)如有電地當事人其他個人資料(如地址等)，現場請自行協調交換，於備考欄或空白處填寫。
(3)如有主張或維護權益上之措施，而他造當事人拒絕提供資料為此聯單者，得向本機關申請提供，有關所申請之他造當事人個人資料，應遵守個人資料保護法等相關法令規定，不得逕及利用。於為再使用之必要時，應事予以徵詢。

交通事故處理當事人須知

一、因汽車交通事故致體傷、殘廢或死亡者，除單一汽車交通事故之駕駛人，或受害人之故意行為或從事犯罪行為(例如飲酒不能安全駕駛而駕駛汽車)等所致外，受害人或其繼承人均可依法申請保險金或補償金，且手續簡便，無須另支付費用應委託他人代辦，亦得可向各地產物保險公司繳、分支機構或財團法人汽車交通事故特別補償基金(電話：0800565678)查詢。另被查詢汽車是否為強制汽車責任保險之被保險汽車及承保公司名稱者，可檢具本登記聯單影本向財團法人保險事業發展中心(0800-825688、02-23219167、傳真：02-23219134)查詢。為了提供更快、更好的理賠及補償服務，並請被保險人及受害人或其繼承人於事故發生五日內，將事故發生的當事人、時間、地點及經過情形等資料，以書面通知保險公司。

二、當事人或利害關係人可於交通事故現場處理完畢七日後，在辦公時間內前往 竹北分局分局(或處理單位)（地址：新竹縣竹北市博愛街16號，電話：5529917）查詢事故處理情形，並可申請閱覽或核普道路交通事故現場圖、現場相片，另於事故發生三十日後，申請提供「道路交通事故初步分析研判表」。申請提供資料所需費用由申請人負擔。

三、車輛損毀或財物損失案件，請自行協調理賠，或向(鄉、鎮、市、區)公所調解委員會申請調解。(或向地方法院民事庭訴請審理(民事賠償警察機關不受理、不干涉)。

四、有人員受傷案件，刑事傷害責任部分，被害人得於事故發生後六個月內，主動向肇事地點轄區分局偵查隊或地方法院檢察署提出告訴(將財辦民事訴訟)；民事賠償部分得自行協調理賠，或向(鄉、鎮、市、區)公所調解委員會申請調解，或向地方法院民事庭訴請審理。

五、當事人得於事故發生當日起六個月內逕向竹苗區車輛行車事故鑑定委員會(地址：新竹市自由路10號，電話：(03)5319312)申請鑑定。

六、當事人如為外國僑民，請向新竹縣政府警察局外事課洽辦；軍事車輛肇事請向當地憲兵機關辦理。

二、道路交通事故現場圖

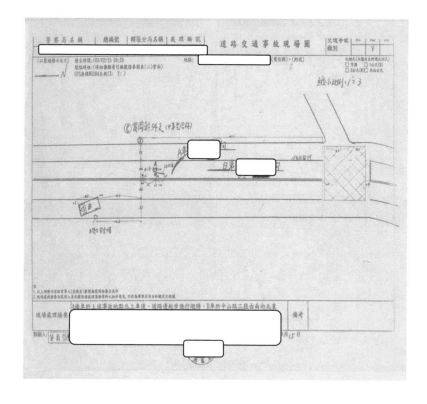

三、道路交通事故初步分析研判表

臺中市政府警察局道路交通事故初步分析研判表

肇事時間	104年02月15日15時20分	肇事地點	
當事人	車輛種類	車牌號碼	駕駛人姓名
	初步分析研判可能之肇事原因（或違規事實）		
	違反號誌管制行駛。		
當事人	車輛種類	車牌號碼	駕駛人姓名
	普通重型機車		
	初步分析研判可能之肇事原因（或違規事實）		
	尚未發現肇事因素。		
當事人	車輛種類	車牌號碼	駕駛人姓名
	乘客		
	初步分析研判可能之肇事原因（或違規事實）		
	尚未發現肇事因素。		

請向鑑定會申請付費鑑定。若您對肇事原因存有疑義，仍應以「公路法」第67條所定車輛行車事故鑑定之結果或法院之判決為最終之確定，賠償、訴訟求償之依據，本險理賠研判表、訴訟求償之依據，本研判表僅供參考，非供保。

此致

中 華 民

附註：
一、本表係警察機關依道路交通事故處理辦法第10條所為之初步分析研判，非可供保險業者作為理賠當事人之完全依據，對於肇事原因如有疑義，仍應以「公路法」第67條所定車輛行車事故鑑定之結果或法院之判決為最終之確定。
二、當事人等得依「車輛行車事故鑑定及覆議作業辦法」之規定，向臺中市區車輛行車事故鑑定委員會(地址：臺中市西區自由路1段150號7樓，電話：04-22252068)申請鑑定。
三、有關申請之他造當事人個人資料，應遵守個人資料保護法等相關法令規定，不得違法利用。於無再使用之必要時，應予以銷毀。

四、診斷證明書

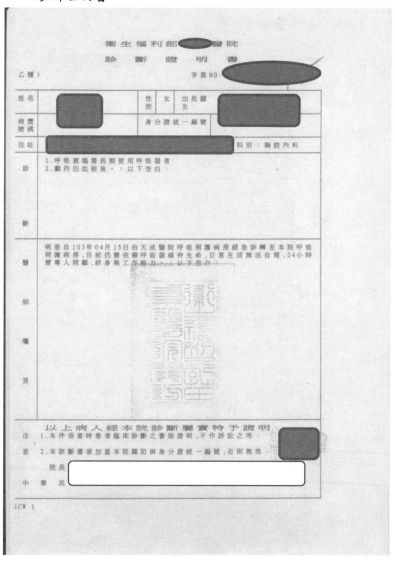

衛 生 福 利 部　　　　醫 院
診　斷　證　明　書

乙種）　　　　　　　字 第 NO:

姓 名		性別	女	出生民國	
病歷號碼		身分證統一編號			
住 址			科別：胸腔內科		

診　斷
1.呼吸衰竭需長期使用呼吸器者
2.顱內出血術後。（以下空白）

醫　師　囑　言
病患自103年04月15日由天成醫院呼吸照護病房經急診轉至本院呼吸照護病房，目前仍需依賴呼吸器維持生命，日常生活無法自理，24小時需專人照顧，終身無工作能力。（以下空白）

以上病人經本院診斷屬實特予證明

注意
1.本件係當時患者臨床診斷之書面證明，不作訴訟之用。
2.本診斷書須加蓋本院關防與身分證統一編號，否則無效。

院 長
中 華 民

2CW 1

第四節 車險賠償求償個案與範例

一、車險理賠個案與範例(一) [40]

> 案例:小輝最近忘了投保強制汽車責任保險,被臨檢時開了罰單!

　　強制汽車責任保險保障承保車禍時,被保險人對於受害人或其他人的賠償責任,包含身體受傷、身體殘廢或死亡等事故的賠償。所以強制汽車責任保險保障的對象不是自己,而是發生車禍的對方或其他人。

　　萬一發生車禍,可能車禍受害人因而受傷、殘廢,甚至死亡。如果沒有投保汽車責任保險,民眾需要自己負擔對於第三人的賠償,但投保強制責任保險後,可以透過保險金支付受害人賠償金。針對汽車第三人責任保險列表比較如下:

---

[40]保險事業發展中心,人身保險調處個案彙編(第二輯),P.37~41;廖勇誠(2013),創價新聞

構面/險種	強制汽機車 第三人責任保險	任意汽機車 第三人責任保險
強制投保 與否	是	否
理賠基礎	基本(限額理賠)	超額理賠責任
賠償責任	● 限額無過失 　責任 ● 被保險人無 　過失,也須賠 　償	● 過失責任 ● 被保險人有過失才會 　賠償
主要理賠 給付項目	● 死亡給付 ● 殘廢給付 ● 傷害醫療給 　付	● 死亡給付 ● 殘廢給付 ● 傷害醫療給付 ● 財產損害給付 ● 精神補償或慰問金與 　其他各項給付
保費(男 性、40 歲、自用小 客車、)	● 保費 1,100 元	● 每人保費通常不同 ● 假若每一個人體傷或 　死亡,保額 300 萬,每 　一意外事故最高賠償 　財產損害 50 萬,保費 　約 2,650 元
保費(普通 重型機車)	● 平均保費 550 　元	● 保費 750 元

小叮嚀：

1. 任意汽車第三人責任保險才能提供受害人的財物損害賠償及較高金額之人身傷亡賠償，建議同時投保強制與任意第三人責任保險及超額第三人責任保險，讓行車保障更周全！

2. 記得汽車與機車都要投保強制第三人責任保險，否則被臨檢或取締會被警察開罰單。

二、車險理賠個案與範例(二)[41]

> **案例：** 小莉最近往返學校時因車禍碰撞而摔出，還好有配戴安全帽而且投保傷害險與醫療險，否則真不知該怎麼辦？

台灣機車通勤族人數實在多的驚人，依據 2018 年底警政署的機車數量統計，全台有高達 1,400 萬輛機車。機車通勤族們需要特別留意自身安全，尤其萬一發生車禍而摔出，身體直接面對撞擊的傷亡，實在令人怵目驚心！

根據 2017 年及 2018 年 9 月內政部統計資料，民眾因機車車禍而立即身故或受傷，每年約 15.6 萬件。而且你知道嗎？2017 年或 2018 年台灣統計數據觀察，每年因酒駕被取締的案件數超過 10 萬件；全台因騎乘機車未配戴安全帽而被警察開立罰單的案件數量，也超過 20 萬件！

機車通勤族一定要投保機車第三人強制責任保險，但是別忘了機車強制責任保險只提供第三人的身故、殘廢與醫療的基本保障，**未包含駕駛人本人的任何保障。** 因此建議機車通勤族務必加保駕駛人傷害險與傷害醫療險。此外，建議再加保任意第三人責任保險與住院醫療保險。以 20 歲的女大學生小莉為例，列表摘要基本的保障內容與年繳保費如下：

---

[41] 廖勇誠(2013)，創價新聞

商品別	保障摘要	年繳保費 (平均每年)*
機車強制責任險(保費以普通重型機車為例)	● 第三人的身故、殘廢與醫療保障，保障範圍未涵蓋駕駛人。 ● 身故保障：200萬 ● 殘廢保障：最高200萬，依殘廢等級理賠 ● 醫療保障：最高20萬	550元
機車任意責任險(保費以普通重型機車為例)	● 第三人的身故、殘廢、醫療與財產損害賠償，保障範圍未涵蓋駕駛人。	1,100元
駕駛人傷害險與傷害醫療險	● 駕駛人的身故、殘廢與醫療保障。 ● 身故保障：200萬 ● 殘廢保障：最高200萬，依殘廢等級理賠 ● 醫療保障：最高20萬	410元
保費小計		2,060元

三、乘客險讓您我都安心！

案例：小馬參加斑馬旅行社的武陵農場旅遊活動，搭乘的遊覽車有投保高額的乘客責任險，請問如果發生車禍摔傷，小馬可以獲得理賠嗎？小馬應該怎麼投保才完善？

　　台灣地狹車多，旅遊意外頻傳，無論搭乘計程車、遊覽車、客運、火車或高鐵，乘客都有可能摔倒受傷或者因為車禍受傷。因此車主除了應該投保汽車第三人責任保險外，別忘了車上的乘客也需要額外保障喔！

　　小馬搭乘遊覽車，在路途中因為司機緊急煞車或車禍而摔倒，乘客責任險是否會理賠呢？乘客「責任」保險理賠乘客的主要要件是駕駛人(車主)應有過失賠償責任，才能依照傷亡損害程度獲得理賠。因此如果遊覽車本身沒有超速或不當駕駛，而是因為其他車輛不當蛇行、超車或其他車輛從後方追撞而造成車禍，這時候小馬通常無法獲得足額理賠。小馬若搭乘計程車發生車禍，也需要面對同樣的理賠概念，所以乘客不見得可以獲得乘客責任險的傷亡理賠喔！

　　那麼應該怎麼投保，才能讓乘客擁有較完善的保障呢？首先建議還是要加保乘客責任險，否則萬一發生交通事故，司機或車主可賠不起喔。其次，乘客萬一受傷，但是車主或駕駛人並沒有過失,這時候產險公司不理賠,但是乘客或乘客親友們還是一直向車主或駕駛人要求賠償或提告求償怎麼辦?建議旅行業者一定要為乘客投保足額的旅行業責任保險!第三,旅客或乘客記得要為自己投保足額的意外保險或旅行平安保險,才能擁有及時且完善的旅遊保障!

對象	投保商品	功能
1. 車主或駕駛人或交通運輸業者	乘客責任保險(例如:每人300萬)	可移轉車主或駕駛人的過失理賠責任。
2. 旅行社	旅行業責任保險(例如:每人300萬)	可協助旅行社賠償旅客的人身財產損害。
3. 旅客或乘客	個人或團體意外險/旅行平安保險+意外醫療保險(例如:每人500萬身故殘廢保障+20萬醫療保障)	事故發生後,產壽險公司可快速賠償予旅客或乘客。

所以,完整的乘客保障其實需要三方共同努力的,千萬別以為只要旅行社或運輸業者有投保就好了;旅客或乘客自己也記得要為自己的人身安全與醫療保障,投

保可以迅速獲得賠償的意外險、旅行平安保險及意外醫療保險。 還有,記得參加旅行活動時,別只是貪小便宜,而選擇需要長途跋涉的行程;也別忽略了交通安全,而選擇較高危險性的旅遊地區喔。

貼心小叮嚀:

1. 為保障乘客人身財產安全,政府已制定法規要求客運業者、火車、高鐵與捷運業者,需要為乘客投保責任險。

2. 請讀者們勿搭乘非法載客或經常超載的客運車輛。

3. 無論搭乘計程車、客運或遊覽車,乘客們記得要繫上安全帶~~~小小動作關係大!

四、停看聽：補強終身意外醫療保障

> 小張年居 45 歲，房貸金額約 300 萬，已有終身壽險、終身住院醫療險及一年期意外險、一年期住院醫療險保障。最近想要優先追加投保終身意外險或終身殘扶險，請問應該如何選擇呢？

　　通常保險公司銷售的一年期意外傷害保險，只能提供意外身故及殘廢保障而且只能續保到 65 歲~75 歲，沒辦法保障一輩子；還有，萬一發生重大疾病或重度殘廢，保險公司也可以拒絕您的續保喔！另外，壽險公司的一年期住院醫療保險雖然能夠保證續保，但通常也只能續保到 65 歲~75 歲。因此小張才會想要考慮加保終身意外保險或終身殘扶險，以減輕因為意外事故或疾病事故而造成的經濟負擔壓力。趁著 40~50 歲的人生階段追加投保，相較於 50~65 歲才追加投保，無論在保費或保障上都更加划算！

　　然而究竟應該「優先」追加投保終身意外保險？還是終身醫療保險商品呢？我們列舉市面上二種類型的熱銷商品進行比較建議。第一類商品為終身還本意外險、第二類商品為終身殘廢失能照護保險；我們都以繳費年期 20 年且以銀行帳戶扣款繳費為範例。

項目/類型	終身殘廢照護保險	終身還本意外險
保險金額	2 萬元	100 萬元
年繳保費	42,500 元	39,000 元
保障期間	保障至 110 歲	保障至 110 歲
身故給付(給付一次) (若 80 歲身故)	● 意外事故：85 萬 ● 疾病事故：85 萬	● 意外事故：100 萬 ● 疾病事故：無
殘廢給付(1~11 級)(給付一次)	● 意外事故：4 萬~80 萬 ● 疾病事故：2 萬~40 萬	● 意外事故：5 萬~100 萬 ● 疾病事故：無
殘廢生活扶助給付(疾病或意外 1~6 級)	每月給付 2 萬 (最多 180 個月)	無
生存保險金 (65 歲生存)	無	80.5 萬
其他	● 繳費期間發生重度殘廢，未來保費可以免繳	● 另有意外醫療保障。 ● 遭遇航空或大眾運輸意外，另有加倍意外給付。

　　相較之下，選擇終身殘廢照護保險的優點是萬一因為「疾病或意外」造成重度殘廢，每個月能擁有殘廢年金給付，以支應部分的看護生活等費用；另外無論疾病或意外身故，都能夠遺留約當於累積所繳保費的身後費

用給遺屬。另一方面,選擇終身還本意外保障的優點是擁有較高額的終身意外保障及意外醫療保障,而且65歲左右還能擁有約當於累積所繳保費的額外退休金。

小張應該如何挑選呢?如果小張同時需要追加終身意外保障與疾病身故保障;而且小張很在意萬一發生嚴重殘廢失能時的每月照護及生活費用負擔,那麼小張就應該選擇終身殘廢照護保險。另外,如果小張需要較高額的一次性意外保障、也需要額外意外醫療保障,相對上比較不需要補強疾病住院醫療及照護保障,反而更在意補強退休金缺口,那麼小張就應該選擇終身還本意外險。

小叮嚀:

1. 透過銀行自動扣繳保險費,可以額外享有保險費優惠1%。
2. 意外保險商品對於意外事故之定義要求很嚴格,需要屬於外來、突發且非疾病所造成的才屬於意外事故,也才會理賠。例如因為疾病造成的住院醫療、手術或失能都屬於疾病事故,因此意外保險不會理賠喔。

五、行車平安停看聽！

> **案例：**小敏是個騎乘機車上下班的會計主管，但最近上班時因閃避公車而遭陳姓加害人機車從後方衝撞而摔出並短暫昏迷及受傷送醫。

　　每天新聞總是報導著高速公路車禍事故、酒駕車禍、遊覽車車禍及機車通勤車禍事故，實在令人擔憂！尤其機車通勤族人數實在多的驚人，又缺乏車身保護，務必要多留意行車平安。關於行車安全，提醒讀者們以下幾項：

一、不要突然變換車道，變換車道務必要開啟方向燈並留意後方車輛或行人。

二、不要搶黃燈或闖紅燈或紅燈右左轉。經過十字路口，務必留意其他車輛或行人並減速。

三、建議安全帽盡量配戴全罩式，因為車禍摔出而且頭部著地，就要全靠安全帽的保護。

四、汽機車或自行車的煞車性能、輪胎磨損情況與行車性能也要留意與定期維修保養。

　　另外，小敏摔車後送醫治療，所幸她騎乘速度不快而且有配戴全罩式安全帽，當天就出院了，但後續治療了半年才恢復，更需要抽空與加害人洽談和解賠償。就小敏為例，經過約三次的和解談判，小敏與陳姓加害人

的和解金額約為五萬元,摘要列表如下:

項目別	金額	費用負擔者
車禍當天自費醫療費用負擔與搭乘計程車返家、餐飲費等費用。	● 2,000 元	● 加害人負擔:2,000元。
機車維修費用	● 因為撞擊而損壞由加害人負擔:3,000 元。(如後車燈、安全帽、車殼維修) ● 煞車、機油、前車燈、輪胎更換等強化保養:小敏自行負擔。	● 因為撞擊而損壞由加害人負擔:3,000 元。 ● 煞車及輪胎更換等強化保養:小敏自行負擔。
後續門診就醫費用(合格醫療院所、針灸與服藥)	● 和解時車禍滿半年累積已支出:6,000 元 ● 未來一年半預估:14,000 元	● 加害人負擔:20,000元。

推拿調理、中醫藥帖藥丸	● 半年內累積已支出：15,000元 ● 後續費用預估：15,000元	● 協調後各負擔一半。 ● 加害人負擔15,000元。
其他交通費用、看護費用及慰問金	● 小敏要求50,000元	● 協調後加害人負擔12,000元。
和解金額合計	52,000元	

另外，小敏所屬公司有投保員工團體保險，而且小敏自己也有投保意外險及意外醫療險，因此近期也申請了意外醫療實支實付的保險理賠。還有，針對小敏受傷個案，由於小敏是在上班途中發生車禍；雖然是輕傷，但符合勞保職業傷病，小敏服務的公司另外提供她免扣薪的公傷假數天。最後，提醒大家多留意行車安全，也記得加保意外險、意外醫療險、強制及任意汽機車第三人責任保險喔！

六、車險理賠爭議調處個案範例

1.個案投保險種說明

(1)王先生向A產險公司投保團體傷害保險,保額300萬; 並附加傷害醫療保險,日額1,000元。

(2)王先生向B產險公司投保強制汽車第三人責任險,身故保額為200萬元。

2.個案事實經過

被保險人在107/12/6騎乘機車時,在高雄市左營區自由路三段附近發生車禍導致腦部外傷,並送往A醫院治療,107/12/7住院治療,並在108/1/12出院。被保險人在108/6/12向A醫院申請診斷證明書,內容記載「外傷性腦出血合併右側乏力;醫囑:中樞神經系統遺存障礙,終身不能從事任何工作,日常生活需人扶助及需專人周密照護」。但被保險人申請理賠時,A保險公司拒賠。

3.當事人主張(申請人與保險公司)

(1)申請人(被保險人)主張:

a.依據高雄市政府警察局交通大隊事故分析研判表、道路交通事故現場圖及交通事故登記聯單之記載,確有車禍發生造成殘廢失能。

b.B產險公司已支付一級殘廢失能保險金200萬,為何A保險公司卻拒賠?

(2)保險公司主張:

a.該事故並不符合意外傷害事故的定義；意外事故之定義為非由疾病引起之外來突發事故。

b.被保險人的病歷與電腦斷層資料顯示，被保險人疾病經醫師診斷為左側丘腦及基底核出血，大多為非外力造成。

4.審查或判決意見

(1)意外傷害事故的定義：非由疾病引起之外來突發事故。

(2)本案車禍時腦部並無明顯傷害，僅有血塊。電腦斷層診斷結果為左側丘腦及基底核出血。該病況經醫師判定 70%與高血壓有關，因此本案應非單純外傷導致的腦出血。

5.調處或判決結果：A 保險公司拒賠合理。

6.個人觀點與論述

(1)實務上，傷害保險保費便宜，第一職業類別 100 萬保額僅 700~1,200 元；但民眾務必留意，傷害保險的保障範圍狹隘，因此建議也要投保人壽保險商品，以補足自身保障缺口。

(2)傷害醫療保險商品僅針對因意外傷害事故所導致的就醫治療理賠，理賠範圍也較住院醫療保險狹隘，民眾務必留意。因此建議也要投保住院醫療保險商品，以補足自身保障缺口。假設本案被保險人有投保住院醫療保險，則可以獲得住院醫療理賠。

(3)強制汽車責任保險之殘廢失能理賠標準與傷害保險的殘廢等級表明顯有差異，而且強制汽車責任保險屬於政策性保險，理賠審查相較簡單，民眾務必留意兩者明顯存有差異，無法比照理賠。

(4)回歸本案，若被保險人可以進一步透過其他教學醫院診斷後，診斷出該病況有可能確實因為該車禍意外事故所造成，則申請人(被保險人)可向法院另提起告訴。

七、車險理賠法院判決個案範例摘要

臺灣地方法院 裁判書 -- 民事類

【裁判案由】損害賠償

【裁判全文】

臺灣地方法院民事判決

原　　　　告　蔡○○

訴訟代理人　賀○○

被　　　　告　陳○○

上列當事人間請求損害賠償事件，經本院於民國 107 年 10 月 16 日言詞辯論終結，判決摘要如下：

一、被告應給付原告新臺幣捌拾萬元，及自民國一百零七年十月三十一日起至清償日止按年利率百分之五計算之利息。

二、原告其餘之訴駁回。

三、訴訟費用由被告負擔百分之七十，餘由原告負擔。

(內文摘要)

一、原告主張：

　　被告於民國 105 年 10 月 10 日下午 6 時許，駕駛車牌號碼 Q8-8888 號自用小客車，行經臺O市中正路與五權路交岔路口附近時，將該車順向停放於中正路往五權路方向（車頭朝北方）之右側路旁，竟疏忽未加注意，而貿然向外開啟左前車門；造成沿臺O市中正路直行之原告機車(車牌 ILU-123)因閃避不及，導致原告所騎機車右側及前側車身與上開自用小客車之左前車門發生碰撞，原告因而人車倒地，並受有左右側鎖骨骨折、左側臀部挫傷、右手小指撕裂傷二公分、左手無名指撕裂傷三公分等傷害。原告因本次車禍共需治療及休養 6 個月無法工作。原告需要自行負擔醫療費用、看護費用、預估未來門診及復健費用、產生不能工作之收入損失、機車維修費用及精神慰撫費用等共計 1,100,000 元(相關診斷證明及費用單據如後附)，摘列如下：

　　1.自行負擔醫療費用及交通費用：117,000 元
　　2.看護費用：225,000 元
　　3.機車維修費用：30,000 元。
　　4.不能工作之收入損失：228,000 元。
　　5.另請求精神慰撫金 500,000 元。

　　因此原告共請求被告應給付原告 1,100,000 及自起訴狀繕本送達被告之翌日起至清償日止按年利率 5%計算之利息。

二、被告抗辯：

原告可能車速過快，導致被告當時並未察覺；原告可能也有超速違規因而導致車禍碰撞之發生，因此不應完全由被告承擔所有賠償。況且被告目前經濟困難，原告請求金額過高，被告僅投保強制汽車責任保險，因此無力負擔。

三、本件經兩造整理並協議簡化爭點如下：

(一)不爭執事項：（本院採為判決之基礎）

依據台Ｏ市政府警察局交通事故現場圖、照片及初步分析研判表與車禍責任鑑定報告，判定被告對於本件事故之發生確實需要負擔 100% 責任且明顯有完全過失。

1.被告對於原告已實際支出醫療費用、看護費用、生活上合理必要費用及機車維修費用，應負擔共計 372,000 元。支出明細如下：

    (1)中Ｏ醫學大學附設醫院部分：68,000 元。
    （計算式：3,000+8,000+4,000+3,000+2,000+48,000＝68,000）
    (2)冠群中醫聯合診所部分：15,000 元。
    （計算式：150x60+200x30＝15,000）
    (3)健康看護中心看護費用部分：225,000
    （計算式：2,500x90＝225,000）
    (4)相關醫療用品及交通費用支出：34,000 元。
    (5)機車維修費用：30,000 元。

(二)爭執之事項：

原告請求不能工作之收入損失賠償 228,000 元與請求精神慰撫金 500,000 元是否合理？

1.不能工作之收入損失賠償

被告為朝○科技大學畢業，畢業後，從事塑膠射出方面的工作約 8 年，擔任初階工程師，平均月薪約 38,000 元左右。原告因本次車禍共需休養 6 個月，以每月平均薪資計算 38,000 元，原告六個月所受無法工作的損害金額為 228,000 元方屬合理。

2.請求精神慰撫金 500,000 元是否合理？

按「慰藉金之賠償須以人格權遭遇侵害，使精神上受有痛苦為必要，其核給之標準可斟酌雙方身分資力與加害程度，及其他各種情形核定相當之數額」，並參酌兩造財產狀況，認原告請求 50 萬元之慰撫金，並不妥適，應核減為 20 萬元較為妥適。

四、原告依據侵權行為之法律關係，請求被告給付其中 800,000 元之金額，及自起訴狀繕本送達翌日（即 107 年 10 月 31 日）起至清償日止，按年息百分五計算之利息部分，為有理由，應予准許。逾此請求部分，為無理由，應予駁回。

五、訴訟費用負擔之依據：民事訴訟法第 79 條。

中　華　民　國　107　年　10　月　29　日

民事　　　第○　法　官　　　○○○

正本係照原本作成。

如對本判決上訴，須於判決送達後 20 日內向本院提出上訴狀。

中　華　民　國　107　年　10　月　29　日

書記官　　OOO

八、相關申請給付表單範例

強制險補償金申請須知

106年12月修訂版

- **什麼人可以申請保險金？什麼人可以申請補償金？**
  汽、機車發生車禍致他人受傷或死亡，若該肇事的汽、機車有投保強制險，該受傷者，或死亡者的遺屬可向承保該肇事的汽、機車之產物保險公司申請保險金。若該肇事的汽、機車肇事逃逸或沒有投保強制險(包括拼裝車、農用車等)或雖有投保但未經同意使用(例如失竊車肇事時)，除少數特殊情況外(例如自撞或自撞電桿或酒醉駕車所致)，該受傷者，或死亡者的遺屬可向特別補償基金申請補償。(查詢汽、機車有無投保強制險，請向財團法人保險事業發展中心查詢，電話：0800-825-688。)
  ◎受傷或殘廢時：請求權人為本人。
  ◎死亡時：由死者的配偶、父母、子女(全體)(第一順位)為請求權人，沒有第一順位遺屬時，由祖父母包括外祖父母(第二順位)為請求權人，沒有第一及第二順位遺屬時，由孫子女(第三順位)為請求權人，沒有第一、第二、第三順位遺屬時，由兄弟姊妹(第四順位)為請求權人。
- **到那裡可以申請補償金？**
  特別補償基金已委託辦理強制險之各產物保險公司辦理補償業務，請直接向各地產物保險公司總分支機構洽辦申請手續。
- **申請保險金或補償金需要哪些文件？如何取得？**

需要檢附的文件	取得方法及補充說明
1. 請求權人的身分證或駕駛執照。	
2. 受害人死亡後所申領之全戶戶籍謄本及戶口名簿謄本。	可向各地戶政事務所申請，若請求權人不同戶時，各別的戶籍謄本應一併提供。
3. 道路交通事故當事人登記聯單、現場圖、照片、道路交通事故初步分析研判表。	當事人登記聯單是由交通事故處理單位提供，另現場圖、照片或初步分析研判表請向各分局或交通隊申請。
4. 合格醫師開立的診斷書	向就診的醫院申請，若於不同醫院就診時，各醫院診斷書都要申請。申請殘廢給付應檢附文件，另請參考殘廢申請的說明。
5. 醫療費用收據或憑證。	詳如後列醫療費用的憑證。
6. 受害人死亡的證明文件。	如醫院出具的死亡證明書或地檢署出具的相驗屍體證明書。
7. 自損害賠償義務人獲有賠償之文件。	如法院的判決、和(調)解書。
8. 金融機構帳戶之存摺封面影本。	保險金或補償金以匯款方式給付者才需要提供。
9. 委託親人代理申請時，全體請求權人出具之委託書。	代理人並證出身分證明文件。

申請補償金者，另有其他應附的文件包括 10. 特別補償基金補償金申請書 11. 未獲有損害賠償義務人賠償之聲明書 12. 汽車交通事故特別補償基金收據暨行使代位權告知書 13. 同意書圖/檢核聲明書 14. 病歷、醫療及健康檢查暨個人資料蒐集、處理或利用同意書，可於特別補償基金網站下載或申請時向保險公司索取應用。
- **保險金或補償金給付金額為何？申請殘廢或死亡給付時，可否同時申請醫療費用給付？**
  依現行強制汽車責任保險給付標準規定如下：—
  ◎ 傷害醫療費用給付：每人最高以 20 萬元為限。
  ◎ 殘廢給付：殘廢程度分為 15 等級，金額從 5 萬元至 200 萬元不等，若受害人同時有相關之醫療費用，可一併申請，合計最高 220 萬元。
  ◎ 死亡給付：每人死亡給付為 200 萬元，受害人死亡前之相關醫療費用，可一併申請，合計最高 220 萬元。
- **受傷時，申請醫療費用的項目有那些？應提供那些資料？**

項目	保險金或補償金	檢附的憑證
一、急救費用		
1. 救助搜索費	必須且合理之實際支出	急救費用收據
2. 救護車及隨車醫護人員費用		
二、診療費用		
(一)受害人以全民健康保險之被保險人診療者		
1. 屬於全民健康範圍給付之項目	由受害人自行負擔之費用(即部分負擔)	1. 診斷證明書
2. 掛號費		2. 就診醫療機構出具之醫療費用收據，如為影本，應加蓋與正本相符
3. 診斷證明書費	以申請補償之必要者為限	

財團法人汽車交通事故特別補償基金
補償金申請書

單位收件
日期章

申請日期： 年 月 日

受害人	姓名		□1.本國籍 □2.外國籍 □3.大陸人民 □4.港澳人民
	□身分證統一編號 □護照號碼		生日 西元 年 月 日生 □1.已婚 □2.未婚 □1.男 □2.女

事故日期 年 月 日 時 分 事故地點

受 害 人 係 □1.車外人 □2.駕駛人(車牌號碼：) □3.乘客(車牌號碼：)

各事故車車牌號碼 □1.( ) □2.( ) □3.( )

申請給付項目 □1.死亡給付 □2.殘廢給付 □3.傷害醫療費用給付 □4.殯葬費

自損害賠償義務人獲得賠償或有和(調)解	賠償義務人姓名	賠償或和(調)解金額	已和(調)解或民、刑事判決但加害人未履行賠償金額	和(調)解中	民、刑事訴訟中

請求權人(及法定代理人)(簽章)：＿＿＿＿＿＿＿＿＿＿＿＿＿＿＿＿＿＿＿ 印

身分證統一編號：＿＿＿＿＿＿＿＿＿ 與受害人關係：＿＿＿＿＿＿

戶籍地址：＿＿＿＿＿＿＿＿＿＿＿ 電話：＿＿＿＿＿

通訊地址：＿＿＿＿＿＿＿＿＿ 電話：＿＿＿＿

代理人(受委託人)(簽章)： 印

身分證統一編號：

地址： 電話：

是否檢附下列文件：

是·否·編號
- □□ 1.補償金申請書
- □□ 2.個人資料蒐集、處理或利用同意書
- □□ 3.請求權人身分證明文件
- □□ 4.請求權人及受害人死亡後所申領之全戶戶籍謄本及除戶戶籍謄本。
- □□ 5.警憲機關處理證明或其他相關證明文件
- □□ 6.合格醫師開具之診斷證明書
- □□ 7.醫療費用收據
- □□ 8.殘廢認定之相關資料

是·否·編號
- □□ 9.受害人死亡證明文件
- □□ 10.汽車交通事故特別補償基金收據暨行使代位權告知書
- □□ 11.未獲有損害賠償義務人賠償之聲明書
- □□ 12.同意查閱病歷/複檢聲明書
- □□ 13.法院判決或和(調)解書
- □□ 14.其他有利於代位求償之證據及文件

初步審核尚有應補文件編號或其他文件如下：(嗣後另有應補正之文件，將再另行通知。)

1. 依個人資料保護法及其他相關法令規定，本人同意以上所有個人資料貴基金可為蒐集、處理及利用，以辦理補償及求償相關業務並作必要之查證。
2. 本人已知悉若不同意貴基金蒐集、處理及利用以上所有個人資料，貴基金可能無法受理補償業務之申請；且貴基金於與賠償義務人(和)調解或訴訟程序中，必要時得聲請法院向本人調閱以上所有個人資料或傳訊本人到場說明。
3. 如為申請亡給付案件，為審認所檢附相驗屍體證明書(或死亡證明書)內容之正確性，本人同意貴基金將前開資料與財團法人保險犯罪防制中心相驗屍體證明書死亡證明書即時查核比對系統進行比對。
4. 為提昇服務品質，本人同意貴基金於必要時逕聯進行滿意度調查。

立同意書人：＿＿＿＿＿＿＿＿＿＿＿＿ 印

備註：
1. 補償金申請書請承辦人加蓋收件章，載明收件日期後，再影印一份交與申請人收執。
2. 如本件屬肇事逃逸案件，事後知道肇事逃逸汽(機)車已被查獲時，請與本公司承辦人連絡。

106.12.01 修訂

單位	
承辦人	
電話	

汽車險理賠申請書

類別		
送量		

賠案號碼		保單/保險證號碼		保險期間	自 年 月 日 至 年 月 日

（紅框部份請務必填寫）

被保險人	ID：	住址：	電話：
駕駛人	ID：	住址：	電話：

e-mail 信箱	被保險人：	駕駛人：

出生日期	□已婚□未婚	駕駛人區別	□本人 □親友 □受僱員工 □租用車輛 □其他

年 份	廠牌、車型	車身、引擎號碼	牌照號碼	里程數
				km

駕警單位	□備案□無警	處理警員	駕駛人職業別	□內勤 □外勤 □內外勤

事故日期	民國 年 月 日 時 分	事故地點	郵遞區號（ ）

請詳述事發經過：

對造資料	車 牌 號 碼	對造車主/駕駛姓名	聯絡電話	承修工廠	備 註	體傷人員	姓 名	聯 絡 電 話

1. 旅得將領本申請書所填各項均為真實填寫，否則自願放棄保險單之一切權利，本人願同意貴公司球具及警方及醫院查詢參照通訊治療借助。
2. 本人瞭解並同意網帳保險理賠之需費，簽約辦貴公司駕代理人，且依保險法第94條（保護人得據保險人賠償，直接給第三人為賠償金給付）規定，並本次事件得代為和解行為之之授到解釋。
3. 辱命保險乘為提供均理賠務是應行與用之之約。而是集是依辦人資料，包括除本人姓名、身分證等號其具病歷等方式識別該個人之資料、資料束屬性色瞭療、被保險人或受益人、司法等醫療、為據相知賠付宣所資審依保具理賠付等少約第三人，所瞭益的執行、除了再據屬等、最會外宣齡執行之意書、含急血需提升依處用其期目開告知對期賠款收由今閱是稱負標之用；本企除含集屬有蒐集雖得依期賠行作宣屬第三人屬第三人利用。但可以可含由具及尚仕是可利期明之方式或供保險個體利期向卑得備保險的均、糕承認期宣屬承認、標承認屬及其屬、處理或利用及屬承認的供與對屬承認期利依處理面對其宣屬使超屬急處理承認用。
4. 本企供依據依人資料保护法第177條之1第2款依辨該資料事理式，歸承處品、醫參及就查憶屬於個人資料料為真品、處理或利用，除上述會合品據約所依條係依依据依情依依人據检查事模式，醫参議、標戶戶之申約依約件品其要申其約及戶屬人品至之用、曾宣各件約品会貴公司使用之依要承認聯絡具品容於合約之依承人據依據於其依使用，房便不同屬本企可屬定、處理或利用屬依資料，本企会屬可屬血血依依件依依人屬保證及其本企個依供据置指者品。
本人已瞭解上述說明。屬同意 貴公司許屬合承認據置屬圖例、辨環成利用本人之處理、處理或利用本人之約額，不同意、處理或利用個人資料，以及願於本屬料料屬屬。
會宣各屬於之異保险合屬於約賠屬。且明查会人例承認屬，允同屬各屬本尓屬額作下将為之屬思表示。

被保險人簽章	駕駛人簽章	填寫日期： 年 月 日

以下審核欄由本公司經辦人員填寫

承 保 內 容				賠付代號	
險 種	保 額（萬）	自負額	保費（元）	賠付對象	
車體 __甲乙丙				賠付金額	
竊 盜				險 種	損 失 預 估 合 計
第三人責任險				車體	
				竊盜險	
□免追 □竊免折 □代步一（車/萬）___元 □颱風 □酗酒				體傷	□傷__人 □亡__人 金額：
□零件___元 □超額 □多倍 □駕駛人傷害險 □單強制				財損	
總 保 費		□已收 □未收		補兌說明：	
總 手 人		□末兌（ / ）票			
今 年 出 險 第 次肇事，金額：					
去 年 出 險 第 次肇事，金額：					
出 險 原 因		肇事責任			
□不明者損 □失竊車 □零件失竊		己方： ％			
□駕駛人過失 □失竊尋回 □酗酒		對方： ％			
□第三人過失 □竊盜未遂 □其他		其他： ％		主管： 經辦員：	

強制汽車責任保險受益人直接請求給付申請書　　　　　　　5-1

案號：

受害人	姓　　名		□1.本國籍□2.外國籍	身分證號		
	生　　日	民國　年　月　日	□1.男　　□2.女	□1.已婚　　□2.未婚		
	住　　址			電　話		
	服務單位		電話	騎乘車牌號碼		

事故發生日期	民國　年　月　日　時　分			
醫療院所		地址	電話	
憲警處理	憲警單位名稱		處理警員姓名	
	□1.憲警立即現場處理　□2.事後憲警單位報備	電話		

請敘述事故經過：

加害人□1.有　□2.無　與受害人達成和解　和解金額：　　　　　□附和解書影本

受益人與受害人關係　□1.本人　□2.配偶　□3.直系血親　□4.其他法定繼承人　□5.無受益人

受益人姓名　　　　　　　　　　　身分證號

申請人聲明	以上述皆與事實相符，本人若已自加害人取得賠償而未說明，願依民法第179條不當得利之規定，返還所受領之保險金。

申請人	姓　名：			
	身分證號：	簽章：	與受害人關係：	
	戶籍地址　郵遞區號□□□□□			
	通訊地址　郵遞區號□□□□□			
	電話 /　　　　　公司：　　　　宅：　　　　民國　年　月　日			

※下列資料如有缺漏，得由本公司經辦人填寫。

肇事車所有人	姓　　名	□1.本國籍□2.外國籍	加害或駕駛人	姓　　名	□1.本國籍□2.外國籍
	身分證號			身分證號	
	出生日期	民國　年　月　日		出生日期	民國　年　月　日
	□1.男　□2.女　□1.已婚　□2.未婚			□1.男　□2.女　□1.已婚　□2.未婚	
	住　　址			住　　址	
	電　　話			電　話	
	服務單位			服務單位	
	電　　話			電　話	
肇事車牌照號碼		投保公司		保單號碼	

說明：本保險給付項目及每人最高限額　一、傷害醫療20萬元；二、殘廢200萬元；三、死亡200萬元。每人體傷及死亡最高給付220萬元。(註)

(註)上述賠償金額限於101年3月1日零時之後所發生之事故，事故發生日於101年2月29日(含)以前之事故，傷害醫療20萬元；殘廢或死亡160萬元，每人體傷及死亡最高給付180萬元。

顧以下欄由本公司經辦人填寫

受理編號		加害人與汽車所有人關係	
預估金額			

107.07.13

第五節 精選考題與考題解析

● 關於強制汽車第三人責任保險之給付標準,下列敘述何者錯誤?
(A)每一個人傷害醫療給付最高新臺幣 20 萬元
(B)每一個人殘廢給付最高為新臺幣 200 萬元
(C)每一個人死亡給付為新臺幣 230 萬元
(D)每一事故給付人數無上限

解答:【C】

● 責任保險契約承保被保險人依法對下列何者應負之賠償責任?
(A)被保險人 (B)第三人 (C)要保人 (D)加害人

解答:【B】

● 請問依據民法侵權行為規範,車禍民事求償時效為多久? (A)半年 (B)1 年 (C)2 年 (D)15 年

解答:【C】

● 請問依據刑事訴訟法規範，車禍刑事求償時效為多久？
　(A)半年 (B)1 年 (C)2 年 (D)10 年

解答：【A】

● 請問自用小型汽車未投保強制汽車第三人責任保險，須罰款多少元？
　(A)3000　(B)5000 (C)7000　(D)9000

解答：【A】

● 任意汽車第三人責任保險理賠範圍包括那些項目？
(A)診療費用 (B)看護費用 (C)精神慰藉金 (D)其他體傷賠償

解答：【A】【B】【C】【D】

● 強制汽車第三人責任保險理賠範圍包括那些項目？
(A)診療費用 (B)急救費用 (C)精神慰藉金 (D)其他體傷賠償

解答：【A】【B】

● 受害人何種情況可向特別補償基金求償？
   (A)事故汽車為未保險汽車
   (B)事故汽車無法查究
   (C)已投保強制責任險事故汽車
   (D)已投保車體損失險事故汽車

   解答：【A】【B】

● 強制汽車第三人責任險請求權人提供證明文件後，可請求產險公司暫先給付多少比例的死亡保險金？
   (A)50%
   (B)60%
   (C)70%
   (D)80%

   解答：【A】

● 遭遇車禍與對方洽談和解事宜，請問有那些需要留意的？
   參 P.216~218

(參考 CFP 考題編撰或作者自編考題)

參考文獻

1. 方明川，商業年金保險概論，作者自行出版，1995 與 2011 年

2. 李世代，日本、韓國長期照護保險內容與相關法令之研究，經建會委託研究計劃，2009 年

3. 中央健保署，健保宣導資料、表單與統計資料，2014~2018 年

4. 呂廣盛，個人壽險核保概論，1995 年

5. 台灣理財顧問認證協會網站，CFP 考試退休金規畫與保險規劃相關考題，2014 年~2018 年瀏覽

6. 司法院法院判決案例查詢，2014~2018 年

7. 內政部網站與警政署網站統計及揭露資料，2018 年

8. 風險管理學會，人身風險管理與理財，智勝文化，2001 年

9. 柯木興，社會保險，中國社會保險學會，1993 年

10. 林則男、廖述源，雇主意外責任保險、雇主補償責任保險及團體傷害保險之比較研究，核保學報第十七期，產物保險核保學會

11. 邵靄如、曾妙慧與蔡惠玲，健康保險，華泰文化，2009 年

12. 金融消費評議中心網站，金融消費評議案例，2014~2018 年

13. 金融研訓院網站，近三年理財規劃人員考題與解答，瀏覽日期：2015/5~2018/12

14. 保險事業發展中心，人身保險調處個案彙編，2013 年
15. 保險事業發展中心，長期看護保險制度與推動之研究，金管會委託研究計劃，2009 年
16. 保險事業發展中心，汽車保險訓練教材，1992 年
17. 勞動部與勞保局，勞保與職業災害法令與宣導資料，2014~2018 年
18. 郝充仁等，因應高齡化社會保險相關制度及保險商品之 研究，保險業務發展基金管理委員會，2014 年
19. 產壽險公司商品簡介、條款、表單文件與網站資訊
20. 陳伯燿、黃淑燕、徐敏珍，汽車保險，保險事業發展中心，2012 年 3 月
21. 謝淑慧、黃美玲，社會保險，華立圖書公司，2012 年 9 月
22. 衛生福利部，健保、醫療或長期看護統計與宣導資料，2014~2018 年
23. 廖勇誠，個人年金保險商品實務與研究，鑫富樂文教，2012 年 9 月
24. 廖勇誠，輕鬆考證照：人身風險管理概要與考題解析，鑫富樂文教，2016 年 1 月
25. 廖勇誠，健康保險、勞保與職災實務，鑫富樂文教，2016 年 1 月
26. 廖勇誠，保險與生活專欄，創價新聞/和樂新聞，2012 年~2018 年
27. 賀冠群、廖勇誠，人身保險經營與實務，鑫富樂文教，2017 年 1 月

28. 產物保險公會，<u>財產保險業務員基本教育訓練教材──保險理論與實務、汽車保險、火災保險、運輸保險</u>，1997年3月

29. 產物保險公會，住宅與地震基本契約條款、汽車保險契約條款與強制責任保險法，2012年

30. 警政署網站 https://tm2.npa.gov.tw、台北市民 E 點通 https://www.e-services.taipei.gov.tw/、台中市政府交通局網站 https://www.traffic.taichung.gov.tw、高雄市 http://traffic.kcg.gov.tw/。

31. Harvey W. Rubin, Dictionary of Insurance Terms, Fourth Edition

32. Kenneth Black, JR., Harold Skipper, JR.,Life Insurance, Prentice-Hall Inc, 1994

◉算算看，您的人生有幾天？
　　◉80 歲 x 365 天 ＝29,200 天
　　◉最多不到 3 萬天
　　◉若扣除幼兒階段及老年階段=20 年
　　◉29,200-(20x365)=21,900 天
　　◉再扣除睡覺時間，每天 8 小時，佔了 1/3
◉21,900 x 2/3= 14,600 天(最多不到 1.5 萬天)

◉　人生有好多事情必須面對處理，不是只有學習。
◉　你的未來，取決於你現在的規劃與付出。
◉　機會只留給有準備的人！
◉　生命不是現在，又是何時？

國家圖書館出版品預行編目(CIP)資料

勞工社會保險、年金保險與車禍賠償要點與實務/

賀冠群、廖勇誠作 – 初版. – 臺中市:鑫富樂文教, 2019.01

ISBN 978-986-93065-7-7(平裝)

1. 勞工保險 2. 社會保險 3. 年金保險

556.82　　　　　　　　　　　　　107021650

勞工社會保險、年金保險與車禍賠償要點與實務

作者:賀冠群、廖勇誠

編輯:鑫富樂文教事業有限公司編輯部

美術設計:田小蓉、林大田

發行人:林淑鈺

出版發行:鑫富樂文教事業有限公司

地址:402台中市南區南陽街77號1樓

電話:(04)2260-9293　傳真:(04)2260-7762

總經銷:紅螞蟻圖書有限公司

地址:114台北市內湖區舊宗路二段121巷19號

電話:(02)2795-3656　傳真:(02)2795-4100

2019年1月10日 初版一刷

定 價:新台幣400元

ISBN 978-986-93065-7-7